いとしの
キャロットケーキ

まぜて焼くだけ、アイデア無限レシピ

キャロットケーキ研究家
小豆田マチ子

はじめに

キャロットケーキが大好きです。

お菓子やパン作りが趣味で、家にはレシピ本があふれています。休日の楽しみは、話題の洋菓子店やカフェ、人気のベイクショップ巡りをすること。好きが高じて、製菓材料店でレシピを作ったり、シェフの料理教室を企画する仕事に就いたことも。

ある日、気になっていたベイクショップの人気メニューを調べたら「キャロットケーキ」でした。「なんだ、野菜のケーキか」と、少しがっかり（ごめんなさい）。でも人気なのだからと渋々食べてみたら、これがとっても甘くてスパイシーで、なんておいしい！　そして「ここにいるよ」とひょろりと飛び出たにんじんのオレンジ色にドキッとして。気がついたら恋に落ちていました。

それからは、ひたすらキャロットケーキを求めてお店を巡り、レシピ本を見て片っ端から作る日々。ひとつとして同じものはなく、その度に新しい発見があり、ますますはまっていきました。

キャロットケーキは英国が発祥とされており、砂糖が貴重だった時代に甘味料代わりににんじんを使ったといいます。当時はデジタルスケールなどもなく、それぞれの家庭でおおらかに作られてきたお菓子なのでしょう。

それはその日によって少し甘かったりしょっぱかったりする、家庭料理に似ています。たとえば肉じゃが。余っていた野菜の切れ端が入ったり、肉の種類が違うことも。キャロットケーキも同じで、それぞれに違う家庭菓子なのです。

今まで探求してきたキャロットケーキを私なりに考え、「おいしい、楽しい、大好き」と感じてもらえるよう試作を繰り返し、完成したのがこの本のレシピです。この本をきっかけに「あなたのキャロットケーキ」ができたらうれしいです。そして「自分だけのキャロットケーキ」ができた日には、ぜひ教えてくださいね。

キャロットケーキの魅力

**1　混ぜて焼くだけ。
　　技術不要でちゃんとおいしい！**

キャロットケーキは、英国生まれの昔からあるシンプルな家庭菓子です。身近な材料を混ぜて焼くだけ。泡立てもいりません。デコレーションもクリームをラフに塗るだけでOK。誰が作っても失敗なくおいしくできるケーキです。

**2　材料も道具も、あるものでできる
　　（にんじんさえあれば！）**

いつもキッチンにあるにんじんに、小麦粉、オイルなどの基本的な材料があればおいしいキャロットケーキが作れます。にんじんのすりおろしも包丁や家にあるおろし器があれば大丈夫。特別な道具はいりません。専用の型もなく、パウンド型や丸型、角型、カップケーキ型など手持ちの型で作れます。

3　自然な甘み、食物繊維もいっぱいで健康的なケーキ

やさしい甘さのキャロットケーキ。英国では、昔からにんじんが甘味料として使われてきたといいます。にんじんは、β-カロテンや食物繊維が豊富で栄養価も高い野菜です。一緒に混ぜるシナモン、ナッツ、ドライフルーツも美容や健康効果が期待できる食材。罪悪感の少ないヘルシースイーツです。

4　くせがないからあらゆる食材と組み合わせが可能

意外なほど、にんじんの味を意識させないキャロットケーキ。くせがないから、いろいろなフルーツや香りの強いスパイスはもちろん、小豆あんや黒豆といった和の素材とも好相性。山椒やココナッツなど個性的な食材を受け入れる懐の深さも持っています。常識にとらわれない食材の組み合わせを、ぜひ楽しんでください。

5　自由度が高く、好きに作れるからはまる！

作り方もルールも自由自在。チーズケーキやチョコレートケーキなど、一見まったく違うケーキと組み合わせても、ちゃんとおいしいキャロットケーキになるのが不思議なところ。多少おおらかに作っても失敗がないから、材料の分量を調節して、甘さや生地の食感を自分好みに近づけることもできます。アイデアもアレンジも無限大です。

Contents

2　はじめに
3　キャロットケーキの魅力
6　よく使う材料
7　よく使う道具
8　Column キャロットケーキの約束①　にんじんすりおろし

Chapter 1
**基本の
キャロットケーキ、
スパイス香る
キャロットケーキ**

10　基本のキャロットケーキ [1: オイルで作る] (作り方 P12)
14　基本のキャロットケーキ [2: バターで作る]
16　スパイシーキャロットケーキ
18　カルダモンキャロットケーキ
19　山椒キャロットケーキ
20　チャイマサラキャロットケーキ
22　カレーキャロットケーキ
24　ジンジャーキャロットケーキ
26　バニラクリームキャロットケーキ
28　Column キャロットケーキの約束②　クリーム(フロスティング)

Chapter 2
**米粉の
キャロットケーキ**

30　基本の米粉キャロットケーキ
32　あんず米粉キャロットケーキ
33　黒ごまいちじく米粉キャロットケーキ
34　黒糖バナナ米粉キャロットケーキ
36　米粉キャロットティラミス
38　みそチーズ米粉キャロットケーキ
40　かぼちゃクリーム米粉キャロットケーキ
42　米粉のカップシフォンキャロットケーキ
44　番外編・ヘルシーキャロットケーキ
　　オートミールのキャロットケーキ
46　Column 美しく仕上げたい！ デコレーションと切り方のコツ

Chapter 3
フルーツ
キャロットケーキ

- 48 キャラメルバナナキャロットケーキ
- 50 パインココナッツキャロットケーキ
- 52 オレンジチョコキャロットケーキ
- 54 ブラッドオレンジキャロットケーキ
- 56 はちみつレモンキャロットケーキ
- 58 レモンカードキャロットケーキ
- 60 ラズベリー＆ホワイトチョコのキャロットケーキ
- 62 赤ワイン煮いちじくのキャロットケーキ
- 64 柿のキャロットケーキ
- 66 りんごクランブルのキャロットケーキ
- 68 いちごとカマンベールのキャロットケーキ

Chapter 4
和洋菓子的
キャロットケーキ

- 70 スイートポテトのキャロットケーキ
- 72 栗とゆずジャムのキャロットケーキ
- 74 かぼちゃあんこのキャロットケーキ
- 76 うぐいす豆キャロットケーキ
- 77 黒豆キャロットケーキ
- 78 甘酒キャロット蒸しケーキ
- 80 酒粕プルーンのキャロットケーキ
- 82 干しいもキャロットケーキ
   干し柿のキャロットケーキ

Chapter 5
スペシャルな
キャロットケーキ

- 84 ヴィクトリアキャロットケーキ
- 86 キャロットチーズケーキ
- 88 キャロットチョコレートケーキ
- 90 コーヒー＆くるみのキャロットケーキ
- 92 ハミングバードのキャロットケーキ
- 94 バター焼きいものキャロットケーキ

撮影・竹内章雄
ブックデザイン・茂木隆行
スタイリング・木村 遥
校正・麦秋アートセンター
DTP・富 宗治
調理アシスタント・室田 泉
編集協力・斯波朝子（オフィス Cuddle）
編集アシスタント・久保 愛
編集・橋本恵子（KADOKAWA）

[本書で紹介するレシピの約束ごと]
- 大さじ1 = 15ml、小さじ1 = 5ml
- 卵は鮮度のよいものを選ぶ。Mサイズ（正味約50g）を使用。
- オーブンは電気オーブンを使用。ガスオーブンを使用する場合でもレシピ通りの温度と時間で焼いてください。ただし、メーカーや機種によって火力が違うので、様子を見ながら、温度は5℃前後、時間は5分前後、調整してください。
- 電子レンジは600Wを基準にしています。500Wの場合は加熱時間を1.2倍にするなど、お使いの機器に合わせて適宜調整してください。

[食材協力]
株式会社富澤商店　オンラインショップ：https://tomiz.com/　電話：0570-001919

よく使う材料

本書のキャロットケーキに特別変わった材料は使いません。もちろんにんじんは必須！

▶ にんじん
皮付きで使うと風味がしっかり感じられます。ただし、皮付近は変色しやすいので、にんじんの色をきれいに出したいときや、デコレーションで使うときは皮をむくといいでしょう。

▶ 薄力粉
手に入りやすいものをお使いください。本書では、国産薄力粉「宝笠ドゥノール」を使っています。スポンジやパウンドに向いた弾力性があり、しっとりなめらかでやさしい味に仕上がるのでおすすめです。

▶ 米粉
粒子が細かくお菓子作りに向いている製菓用米粉を使用してください。ほのかに甘く、米粉らしくもっちりしっとりに焼き上がります。

▶ きび砂糖
白砂糖に比べてコクや風味のある薄茶色の砂糖。黒糖を混ぜてコク深く仕上げても。こうばしさのあるブラウンシュガーやココナッツシュガーを使用してもいいでしょう。

▶ 粉砂糖
クリームを白く仕上げ、フルーツの色をきれいに出したいときに使います。

▶ ベーキングパウダー
アルミニウムフリーのベーキングパウダーを使用。生地を縦に膨らませる特性があります。

▶ 重曹
生地を横に膨らませる特性があります。焼き色が付きやすく、入れすぎると苦みが増すのでご注意を。にんじんが入ると生地が重くなるから、バランスよく膨らむようにベーキングパウダーと併用します。

▶ オイル
にんじんやスパイスの香りを邪魔しない香りのない植物油を使用します。本書では、なたね油を使っています。ほかには、太白ごま油や米油、無臭ココナッツオイルなどを使ってもいいでしょう。まろやかできめの細かい生地に仕上がるバターを使うこともあります。

▶ くるみ
くるみを使うことが多いです。ナッツの油分と風味でケーキにコクが加わり、こうばしく仕上がります。食感のアクセントにも。

▶ レーズン
オイルコーティングされていない有機レーズンを使用。オイルコーティングされている場合は、湯通ししてから使用します。

▶ シナモン
ほんのり甘く、異国情緒のある香りが魅力のスパイス。この独特の香りが、にんじんの青くささをカバーもしてくれます。

▶ クリームチーズ
クリームに使用。メーカーによりなめらかさや酸味などに違いがあります。室温に戻してから使ってください。

よく使う道具

キャロットケーキは、材料を混ぜて焼くだけの簡単なお菓子。特別な道具は使いません！

包丁、まな板
本書のレシピではにんじんはすりおろして使用します。すりおろし器がない場合は、包丁でせん切りでも大丈夫！ 太さや細かさも自由自在。すりおろし器の詳細はP8を参照してください。

はかり
0.1g単位で正確にはかれるデジタルスケールを使ってください。

ゴムべら
材料を混ぜたり、かき集めるときに使います。ボウルの丸みにあてて使うことがあるので、弾力があり、耐熱性のあるものがおすすめです。小さめのゴムべらもあると、クリームをデコレーションするのに便利です。

泡立て器
生地や生クリームを混ぜたり、泡立てるときに使います。25cmくらいのものがおすすめ。メレンゲなど時間をかけてしっかり泡立てるときにはハンドミキサーが便利です。

ケーキ型
主に丸型とパウンド型を使います。丸型は生地が流れない共底タイプがおすすめです。
全卵2個を使用しているレシピは以下の型を併用できます。
- 直径15cm、18cmの丸型
- 縦18×横8×高さ8cmのパウンド型
- 直径7×深さ3cmのマフィン型6個分
- 15cmの角型
- 直径15cmのクグロフ型
- 直径20cmのエンゼル型

ただし、焼き時間や表面に塗るクリームやアイシングの分量については微調整が必要です。

ボウル
口径23cmと18cm程度の大・中のステンレスボウルがおすすめです。

キャロットケーキの保存法
（本書のすべてのケーキに共通）

生地だけの場合
ラップでぴっちり包み、密閉して冷蔵庫で3日間保存可能。

1ホール食べきれないときは
クリームやアイシングを塗らずに切り分けて保存します。食べるときに、必要な分のクリームを作って添えます。

クリームありの場合(完成品)
密閉容器に入れ、冷蔵庫で1〜2日間保存可能。冷凍庫での保存は、庫内の匂いがついたり、スパイスの香りが飛び、生地も乾燥するためおすすめしません。

Column　キャロットケーキの約束 ①

にんじんすりおろし

キャロットケーキ作りでのいちばんのポイントは、にんじんをすりおろした状態。
すりおろし方で、生地の質感、風味、見た目の愛らしさが変わります。
どれがよい、悪いということではなく結局は好み。同じレシピでも、
すりおろし方を変えるだけでキャロットケーキに違いが出ます。

包丁、まな板

おろし器がない人はあわてて買わずとも大丈夫。まずは、包丁でせん切りすることから。せん切りの太さ、細さ、みじん切りなど自由に調整して楽しんでください。

グレイター（4面チーズおろし）

細切り、粗切り、みじん切り、薄切りの4種類におろせるチーズおろし。1種類でもいいですが、2種類をミックスすると食感や風味に奥行きが出ます。

しりしり器

沖縄の郷土料理「しりしり」を作る道具。切断面がギザギザでにんじんがくったりするので、生地によくなじみます。せん切りにんじんの存在感もあり、バランスもいいので愛用しています。

鬼おろし

断面がギザギザで、粗い状態に。食べたときに、ごろっとしたにんじんが口に当たるのも楽しい。水分が出過ぎず、にんじんの風味がほどよく味わえます。

フードプロセッサー

手間なく細かいみじん切りにできます。生地全体に偏ることなく混ざるので、にんじんのやさしい甘みと、風味、香りが全体に広がります。

大根おろし器

シフォン生地のような軽さを出したいときに使います。にんじんらしい野性的な風味と、きれいなビタミンカラーを楽しめます。

すりおろしたにんじんが残ったら…
すりおろしたにんじんが余ったら、乾燥しないよう密閉容器に入れたり、ラップをします。サラダのトッピングや、キャロットラペにすることも。キャロットラペには、レーズンやナッツ、スパイスを入れて。そう！　キャロットケーキとほぼ同じ材料で作れるんです。

Chapter 1
基本のキャロットケーキ、スパイス香るキャロットケーキ

シンプルな生地に、すりおろしたにんじんとくるみ、
レーズン、シナモンを混ぜて焼き上げ、
クリームチーズベースのクリームをたっぷりのせる。
この基本的なレシピをベースに、
スパイスをちょこっと足したり引いたりして、アレンジしてみたら、
驚くほど多彩な香りや風味が顔をのぞかせてくれました。
この章では、そんなキャロットケーキとスパイスの
新しい出合いを楽しんでみませんか?

基本のキャロットケーキ ［1：オイルで作る］（作り方P12）

いちばんシンプルで作りやすい、基本のキャロットケーキレシピ。
オイルを使用しているから、食感は柔らかく、少しもちっとして、軽やかに仕上がります。
粉とにんじんの割合は1対1。風味も生地感も、とてもバランスのいいケーキです。

Chapter 1 基本のキャロットケーキ

基本のキャロットケーキ ［1：オイルで作る］

材料　直径15cmの丸型1台分

にんじん…120g
くるみ…30g
A
　卵…2個
　プレーンヨーグルト…15g
きび砂糖…80g
なたね油…80g
レーズン…25g
B
　薄力粉…120g
　ベーキングパウダー
　　…小さじ1
　重曹…小さじ½
　シナモン…小さじ1
　塩…ひとつまみ
C
　クリームチーズ…150g
　粉砂糖…30g

準備

クリームチーズは室温に戻す。
型の底にオーブンシートを敷く(写真a)。
オーブンを170℃に予熱する。
Bは合わせてふるう。

丸型で焼いた場合、型からケーキを取り出すには、生地の側面と型の間にパレットナイフやナイフなどを入れてぐるりと一周させる(以下共通)。

作り方

1

にんじんはすりおろす。くるみは粗く刻む。

4

3のボウルにBをふるい入れてゴムべらで練らないように混ぜる。

Chapter 1 基本のキャロットケーキ

2

ボウルにAを入れて泡立て器で混ぜたら、きび砂糖を加えてさらに混ぜる。なたね油を加えて、乳化するまでよく混ぜる。

3

2のボウルに、1とレーズンを加え、ゴムべらで混ぜる。

5

4の生地を型に入れて表面を平らにならす。170℃のオーブンで45分焼く。竹串を刺して生地が付いてこなければ焼き上がり。型から取り出して網の上で冷ます。

6

ボウルにCを入れて、泡立て器でよく混ぜる。ケーキ表面の中央にクリームを落とし、縁の部分を少し残すようにして、スプーンなどで塗り広げる。

基本のキャロットケーキ [2：バターで作る]

キャロットケーキが生まれた英国では、もともとはオイルではなくバターで作っていたと
いわれています。ここでは、きび砂糖に黒糖をブレンドし、コクを出すことで
重厚感のある味わいに仕上げました。濃いめのコーヒーがよく合います。

Chapter 1 基本のキャロットケーキ

材料
縦18×横8×高さ8cmのパウンド型1台分

- にんじん…120g
- ピーカンナッツ…30g
- バター(無塩)a…100g
- A
  - きび砂糖…30g
  - 黒糖…50g
- 卵…2個
- B
  - 薄力粉…120g
  - ベーキングパウダー…小さじ1
  - 重曹…小さじ½
  - シナモン…小さじ1
  - 塩…ひとつまみ
- レーズン…25g
- C
  - クリームチーズ…150g
  - バター(無塩)…30g
- 粉砂糖…35g

準備
- バターa、Cのバターは室温に戻す。
- 卵は室温に戻す。
- クリームチーズは室温に戻す。
- 型にオーブンシートを敷く。
- オーブンを170℃に予熱する。
- Bは合わせてふるう。

作り方

1. にんじんはすりおろす。ピーカンナッツは粗く刻む。
2. ボウルにバターaを入れ、泡立て器でなめらかになるまで混ぜる。Aを加え混ぜる。
3. 溶いた卵を2に3～4回に分けて加えながら(写真a)、泡立て器でよく混ぜ合わせる。
4. 3にBをふるい入れてゴムべらで練らないように混ぜる。粉っぽさが残っている状態で、1とレーズンを加えて(写真b)、ゴムべらで練らないように混ぜる(写真c)。
5. 型に4を入れ、表面を平らにならす。170℃のオーブンで50分焼く。竹串を刺して生地が付いてこなければ焼き上がり。型から取り出して網の上で冷ます。
6. ボウルにCのクリームチーズとバターを入れ、泡立て器で混ぜ合わせる。粉砂糖を加えて混ぜる。
7. 6を直径13㎜の星口金をセットした絞り袋に適量入れ、ケーキの表面に大きめの渦巻き状に絞る(写真d)。
8. 7の渦巻き状に絞ったクリームの間を埋めるように、小さく絞る(写真e)。

スパイシーキャロットケーキ

キャロットケーキの魅力といえばスパイス。定番のシナモンに、クローブ、ナツメグを加えた3種のスパイスを使うとグッと異国感が増します。慣れてきたら量を調節して、オリジナルな配合で作っても。きび砂糖をクリームに使っているから、素朴な味わいです。

材料　縦18×横8×高さ8cmのパウンド型1台分

- にんじん…120g
- くるみ…30g
- A
  - 卵…2個
  - プレーンヨーグルト…15g
- きび砂糖…80g
- なたね油…80g
- カレンツ（小粒のレーズン）…20g
- B
  - 薄力粉…120g
  - ベーキングパウダー…小さじ1
  - 重曹…小さじ1/2
  - シナモン…小さじ1
  - クローブ…小さじ1/4
  - ナツメグ…小さじ1/4
  - 塩…ひとつまみ
- C
  - クリームチーズ…150g
  - きび砂糖…30g
- タイム（飾り用・好みで）…適量

クローブ　　ナツメグ

準備

クリームチーズは室温に戻す。
型にオーブンシートを敷く。
オーブンを170℃に予熱する。
Bは合わせてふるう。

作り方

1. にんじんはすりおろし、くるみは粗く刻む。
2. ボウルにAを入れて泡立て器で混ぜる。きび砂糖を加えてさらに混ぜ、なたね油を加えてよく混ぜ合わせる。
3. 2のボウルに1とカレンツを入れてゴムべらで混ぜる。
4. 3のボウルにBをふるい入れてゴムべらで練らないように混ぜる（クローブやナツメグは風味が強いので入れすぎに注意して）。
5. 4を型に入れて表面を平らにならす。170℃のオーブンで50分焼く。竹串を刺して、生地が付いてこなければ焼き上がり。型から取り出して網の上で冷ます。
6. ボウルにCを入れ、泡立て器で混ぜる。ケーキの表面にクリームを塗る。好みでタイムを飾る。

Chapter 1 スパイス香るキャロットケーキ

+ナツメグ
+クローブ

+カルダモン

カルダモンキャロットケーキ

さわやかで上品、そして華やかに香る、スパイスの女王といわれるカルダモンをきかせました。柑橘類との相性もよく、クリームにレモン果汁を加えたところもポイント。

材料 直径15cmの丸型1台分

- にんじん…120g
- くるみ…30g
- A
  - 卵…2個
  - プレーンヨーグルト…15g
- きび砂糖…80g
- なたね油…80g
- レーズン…25g
- B
  - 薄力粉…120g
  - ベーキングパウダー…小さじ1
  - 重曹…小さじ½
  - シナモン…小さじ1
  - カルダモン…小さじ1
  - 塩…ひとつまみ
- C
  - クリームチーズ…150g
  - 粉砂糖…30g
- レモン果汁…小さじ1
- ピスタチオ(飾り用)…適量

準備

- クリームチーズは室温に戻す。
- 型の底にオーブンシートを敷く。
- オーブンを170℃に予熱する。
- Bは合わせてふるう。

カルダモン

作り方

1. にんじんはすりおろし、くるみは粗く刻む。
2. ボウルにAを入れて泡立て器で混ぜる。きび砂糖を加えて混ぜ、なたね油を加えてよく混ぜ合わせる。
3. 2のボウルに1とレーズンを入れてゴムべらで混ぜる。
4. 3のボウルにBを入れてゴムべらで練らないように混ぜる。
5. 4を型に入れて表面を平らにならしたら、170℃のオーブンで45分焼く。竹串を刺して、生地が付いてこなければ焼き上がり。型から取り出して(P12参照)、網の上で冷ます。
6. ボウルにCを入れ、泡立て器で混ぜる。レモン果汁を入れてさらに混ぜる。
7. ケーキの表面に、6のクリームを⅓量塗る。絞り袋に直径15mmの星口金をセットし、残りのクリームを入れ、縁に絞る。ピスタチオを刻み、クリームの上に飾る。

Chapter 1 スパイス香るキャロットケーキ

山椒キャロットケーキ

和のスパイス、山椒はキャロットケーキになじんで、意外にも落ち着いた味わいです。
独特のスッとした香りを楽しむために、開封したてがおすすめです。

材料 縦18×横8×高さ8cmのパウンド型1台分

- にんじん…120g
- くるみ…30g
- A
  - 卵…2個
  - プレーンヨーグルト…15g
- きび砂糖…80g
- なたね油…80g
- レーズン…25g
- B
  - 薄力粉…120g
  - ベーキングパウダー…小さじ1
  - 重曹…小さじ1/2
  - シナモン…小さじ1
  - 粉山椒…小さじ1/2
  - 塩…ひとつまみ
- C
  - クリームチーズ…100g
  - 粉砂糖…20g

準備

- クリームチーズは室温に戻す。
- 型にオーブンシートを敷く。
- オーブンを170℃に予熱する。
- Bは合わせてふるう。

山椒

作り方

1. にんじんはすりおろし、くるみは粗く刻む。
2. ボウルにAを入れて泡立て器で混ぜる。きび砂糖を加えてさらに混ぜ、なたね油を加えてよく混ぜ合わせる。
3. 2のボウルに1とレーズンを入れてゴムべらで混ぜる。
4. 3のボウルにBをふるい入れてゴムべらで練らないように混ぜる。
5. 4を型に入れて表面を平らにならし、170℃のオーブンで50分焼く。竹串を刺して、生地が付いてこなければ焼き上がり。型から取り出して(P12参照)、網の上で冷ます。
6. ボウルにCを入れ、泡立て器で混ぜる。
7. 5のケーキを横半分に切り、6のクリームをはさむ。

チャイマサラキャロットケーキ

+ガラムマサラ

Chapter 1 スパイス香るキャロットケーキ

ガラムマサラはカルダモンやクミン、ナツメグなどが配合されたミックススパイス。
少し入れるだけで、異国情緒あふれるオリエンタルな味わいに。
紅茶を加えたクリームを組み合わせて、チャイのような風味に仕上げました。

材料　直径20cmのエンゼル型1台分

＊直径15cmの丸型、縦18×横8×高さ8cmのパウンド型でも作れます。

にんじん…120g
ピーカンナッツ…30g
A
　卵…2個
　プレーンヨーグルト…15g
きび砂糖…80g
なたね油…80g
レーズン…20g
B
　薄力粉…120g
　ベーキングパウダー…小さじ1
　重曹…小さじ½
　シナモン…小さじ1
　ガラムマサラ…小さじ½
　＊メーカーによって配合されるスパイスの種類や割合が違うので好みのものを使ってください。
　塩…ひとつまみ
C
　生クリーム(乳脂肪分35％以上)
　　…50mℓ
　紅茶のティーバッグの茶葉…2g
　＊ティーバッグ1個分
D
　クリームチーズ…100g
　きび砂糖…40g
ドライエディブルフラワー
　(飾り用・好みで)…適量
　＊ハーブティーの花びらなどでもよい。

準備

クリームチーズは室温に戻す。
型になたね油(分量外)をたっぷり塗る。
オーブンを170℃に予熱する。
Bは合わせてふるう。

作り方

1　にんじんはすりおろし、ピーカンナッツは粗く刻む。
2　ボウルにAを入れて泡立て器で混ぜる。きび砂糖を加えて混ぜ、なたね油を加えてよく混ぜ合わせる。
3　2のボウルに1とレーズンを入れてゴムべらで混ぜる。
4　3のボウルにBをふるい入れてゴムべらで練らないように混ぜる。
5　4を型に入れて表面を平らにならしたら、170℃のオーブンで35分焼く。竹串を刺して、生地が付いてこなければ焼き上がり。型から取り出して網の上で冷ます。
6　小鍋にCを入れて中火にかけ(写真a)、ひと煮立ちしたら火を止めて冷ます。
7　ボウルにDを入れ、泡立て器で混ぜてなめらかにする。6をざるでこしながら入れて(写真b)、ハンドミキサー(または泡立て器)で混ぜる(写真c)。
8　ケーキの表面に7のクリームを塗り、好みでドライエディブルフラワーを飾る。

a

b

c

ガラムマサラ

カレーキャロットケーキ

ほんのり甘いキャロットケーキ生地にカレー粉、塩、黒こしょう、そしてじゃがいもを加えたまさにカレー味！なケーキ。甘じょっぱさがくせになり、後を引く味です。
使用するカレー粉によって風味に違いが出るため、お好みのカレー粉で作ってみてください。

材料　縦18×横8×高さ8cmのパウンド型1台分

- じゃがいも（男爵）…80g
- にんじん…120g
- ミックスナッツ…30g
- 卵…2個
- きび砂糖…80g
- なたね油…80g
- レーズン…25g
- A
    - 薄力粉…120g
    - ベーキングパウダー…小さじ1と½（6g）
    - カレー粉…小さじ1
    - ＊ここでは「S&B赤缶」を使用。
    - 塩…ひとつまみ
    - 黒こしょう…ひとつまみ
- （あれば）タイム…2枝
- B
    - クリームチーズ…100g
    - プレーンヨーグルト…30g
    - 粉砂糖…20g

準備

- クリームチーズは室温に戻す。
- 型にオーブンシートを敷く。
- オーブンを170℃に予熱する。
- Aは合わせてふるう。

作り方

1. じゃがいもはよく洗い、芽を取り除き、皮つきのままラップでしっかり包む。電子レンジで4分、竹串がスッと通るまで加熱する。粗熱が取れたら1cm角に切る。
2. にんじんはすりおろし、ミックスナッツは細かく刻む。
3. ボウルに卵を入れて泡立て器で混ぜる。きび砂糖を加えてさらに混ぜ、なたね油を加えてよく混ぜ合わせる。
4. 3のボウルに2とレーズンを入れてゴムべらで混ぜる。
5. 4のボウルにAをふるい入れてゴムべらで練らないように混ぜる。
6. 5の生地の半量を型に入れて表面を平らにならす。1のじゃがいもの半量を全体にのせ、残りの生地を入れて表面をならす。残りのじゃがいもをのせる。
7. 170℃のオーブンで45分焼く。タイムをのせてさらに5分焼く（タイムをのせない場合は50分焼く）。竹串を刺して、生地が付いてこなければ焼き上がり。型から取り出して網の上で冷ます。
8. ボウルにBを入れて、泡立て器で混ぜ、ケーキに添える。

キャロットケーキが余ったら、チーズをのせてトースターでリベイクしてみて。軽食にぴったりです。

Chapter 1　スパイス香るキャロットケーキ

＋カレー粉

＋しょうが

Chapter 1 スパイス香るキャロットケーキ

ジンジャーキャロットケーキ

生のしょうが（ジンジャー）をすりおろしてキャロットケーキの生地に混ぜ込むことで、ほどよい刺激と清涼感のある仕上がりになります。
酸味をきかせたレモンアイシングで、シャリシャリの食感を楽しんでください。

材料　直径15cmのクグロフ型1台分

にんじん…120g
ピーカンナッツ…30g
A
　卵…2個
　プレーンヨーグルト…15g
きび砂糖…80g
なたね油…80g
しょうがのすりおろし…15g
レーズン…25g
B
　薄力粉…120g
　ベーキングパウダー…小さじ1
　重曹…小さじ½
　シナモン…小さじ1
　塩…ひとつまみ
C
　粉砂糖…50g
　レモン果汁…小さじ2
ピスタチオ（飾り用）…適量

準備

型になたね油（分量外）をたっぷり塗る。
オーブンを170℃に予熱する。
Bは合わせてふるう。

作り方

1　にんじんはすりおろし、ピーカンナッツは粗く刻む。
2　ボウルにAを入れて泡立て器で混ぜる。きび砂糖を加えて混ぜ、なたね油を加えてよく混ぜ合わせる。
3　1としょうがのすりおろし、レーズンを入れてゴムべらで混ぜる。
4　3のボウルにBをふるい入れてゴムべらで練らないように混ぜる。
5　4を型に入れて表面を平らにならす。170℃のオーブンで45分焼く。竹串を刺して、生地が付いてこなければ焼き上がり。型から取り出して網の上で冷ます。
6　ボウルにCを入れてスプーンで混ぜ合わせ、ケーキの上にかける。刻んだピスタチオを飾る。

しょうが

バニラクリームキャロットケーキ

ドライマンゴーをミックスしたキャロットケーキ生地とバニラクリームの組み合わせがポイント。
マンゴーの甘酸っぱさとバニラの甘い香りが互いに引き立てあい、
ひと口ごとに魅惑的な味が広がります。こうばしいくるみもアクセントに！

材料 縦18×横8×高さ8cmのパウンド型1台分

A
- クリームチーズ…100g
- きび砂糖…20g
- バニラビーンズ…4cm
  （バニラオイルで代用可、1〜2滴程度）
- にんじん…120g
- くるみ…30g
- ドライマンゴー…30g

B
- 卵…2個
- プレーンヨーグルト…15g
- きび砂糖…80g
- なたね油…80g

C
- 薄力粉…120g
- ベーキングパウダー…小さじ1
- 重曹…小さじ½
- シナモン…小さじ1
- 塩…ひとつまみ

作り方

1 バニラビーンズは縦に切り目を入れて、包丁でビーンズ（種）をこそげ出す。
2 ボウルにAを入れて泡立て器でなめらかになるまで混ぜる。冷蔵庫に入れる。
3 にんじんはすりおろし、くるみは粗く刻む。ドライマンゴーは2cm大に切る。
4 ボウルにBを入れて泡立て器で混ぜる。きび砂糖を加えて混ぜ、なたね油を加えてよく混ぜ合わせる。
5 4のボウルに3を入れてゴムべらで混ぜる。
6 5のボウルにCをふるい入れてゴムべらで練らないように混ぜる。
7 6の生地の半量を型に入れて表面を平らにならし、2のクリームを中心におく。残りの生地を上にのせ、クリームが見えないようにならす。
8 170℃のオーブンで50分焼く。竹串を刺して、生地が付いてこなければ焼き上がり。型から取り出して網の上で冷ます。

準備

- クリームチーズは室温に戻す。
- 型にオーブンシートを敷く。
- オーブンを170℃に予熱する。
- Cは合わせてふるう。

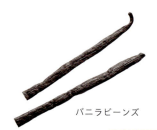

バニラビーンズ

memo
バニラビーンズから種を取り出して残ったさやは、グラニュー糖に入れておくと香りが移ってバニラシュガーになります。

Chapter 1 スパイス香るキャロットケーキ

+バニラビーンズ

Column　キャロットケーキの約束 ②

クリーム（フロスティング）

キャロットケーキに欠かせないクリームはフロスティングとも呼ばれています。
ベースはクリームチーズ、そこにジャムやナッツを混ぜるなどアレンジは無限。

定番
シンプル
[クリームチーズ＋砂糖]

粉砂糖を使うと混ぜ合わせやすくすっきりした甘みに仕上がります。きび砂糖に替えると、こっくりした甘みで、ほんのり茶色になります。

軽め、おだやかな酸味
ヨーグルトホイップ
[ヨーグルト＋生クリーム＋砂糖]

さわやかな酸味で少し柔らかめのクリームになります。甘酸っぱさの加減は、加えるヨーグルトの分量に比例。軽い生地と相性がいいです。

フルーティ
オレンジチーズクリーム
[クリームチーズ＋オレンジの皮（国産）＋砂糖]

果実の皮を加えただけでもフルーティ。レモンの皮でもおいしいです。生地はシンプルに仕上げ、クリームだけでアレンジしたいときにおすすめ。

ジャム
[クリームチーズ＋ジャム＋砂糖]

ジャムを混ぜるだけで、味も見た目も華やかに。ラズベリーや柑橘系の酸味のあるジャムが好相性。砂糖のかわりにはちみつを混ぜても。

フレーバー
紅茶
[クリームチーズ＋紅茶＋砂糖]

濃いめに淹れた好みの紅茶を少量、様子を見ながら定番のクリームに混ぜます。口の中に、紅茶の香りがふわっと広がります。

チョコレート
[クリームチーズ＋チョコレート＋砂糖]

ナッツとレーズンが入ったキャロットケーキとチョコレートは、王道の組み合わせ。製菓用チョコレートの力で一気に存在感が出ます。

具だくさん
くるみ（好みのナッツ）
[クリームチーズ＋くるみ＋砂糖]

なめらかなクリームの中にくるみのサクッ、コリッとした食感の楽しさとこうばしさがプラスされ、満足感が出る組み合わせです。

ラムレーズン
[クリームチーズ＋ラムレーズン＋砂糖]

ラム酒の風味が大人っぽくリッチな味わい。特別感を出したいときにおすすめの組み合わせ。好みでケーキにラム酒を少し染み込ませても。

個性派
あんバター
[クリームチーズ＋小豆あん＋バター]

小豆あんの甘みにチーズのほのかな塩味、バターの濃厚さが加わった重厚感ある和風味のクリーム。バターの量を増やすと背徳的だけどやめられない。

そのほかおすすめのバリエーション

クリームのバリエーションはまだまだあります。たとえばマスカルポーネやサワークリーム、生クリームなどを加えたミルキーアレンジ。柑橘類を香らせるなら、レモンやライム、かぼす、ゆずの皮のすりおろしなどでも。砂糖も和三盆やココナッツシュガーなど、個性のあるものを使うと新たな世界が広がります。

Chapter 2
米粉のキャロットケーキ

しっとりずっしりした小麦粉で作るキャロットケーキの食感とまた違い、
米粉のキャロットケーキはもっちりふんわり！　その軽やかな食感と、
お米の持つ穏やかな甘みはとても魅力的でしみじみおいしい。
インスタグラムのフォロワーさんたちからも、米粉のレシピは人気が高く
「グルテンフリーのキャロットケーキが食べられるなんて！」、
「米粉とスパイスやナッツってこんなに合うんですね」と大好評です。

基本の米粉キャロットケーキ

小麦粉に比べ、生地がもっちりふんわり仕上がります。生地にアーモンドパウダーを加えることで、もちもち感がやわらぎケーキらしい食感に。クリームにはマスカルポーネチーズを使い、味わい軽やか。オイルに米油を使うことで風味のバランスをとりました。

材料　直径15cmの丸型1台分

- にんじん…120g
- くるみ…30g
- A
  - 卵…2個
  - プレーンヨーグルト…15g
- きび砂糖…80g
- 米油(またはなたね油)…80g
- レーズン…25g
- B
  - 製菓用米粉…110g
  - アーモンドパウダー…40g
  - ベーキングパウダー…小さじ1
  - 重曹…小さじ1/2
  - シナモン…小さじ1
  - 塩…ひとつまみ
- C
  - クリームチーズ…100g
  - マスカルポーネチーズ…120g
  - 粉砂糖…40g
- アーモンドスライス…適量

準備

- クリームチーズとマスカルポーネチーズは室温に戻す。
- 型の底にオーブンシートを敷く。
- オーブンを170℃に予熱する。
- Bは合わせてふるう。

作り方

1. にんじんはすりおろし、くるみは粗く刻む。
2. ボウルにAを入れて泡立て器で混ぜる。きび砂糖を入れて混ぜ、米油を加えてよく混ぜ合わせる。
3. **2**のボウルに**1**とレーズンを入れてゴムべらで混ぜる。
4. **3**のボウルにBをふるい入れてゴムべらで混ぜる。
5. **4**を型に入れて表面を平らにならしたら、170℃のオーブンで45分焼く。竹串を刺して、生地が付いてこなければ焼き上がり。型から取り出して(P12参照)、網の上で冷ます。
6. ボウルにCを入れて泡立て器でよく混ぜる。
7. アーモンドスライスをフライパンで軽く炒り、冷ます(焦げやすいので注意)。
8. ケーキ表面に**6**のクリームの9割を塗り、残りを側面に塗り広げる。側面に**7**のアーモンドスライスを貼り付ける。

Chapter 2 米粉のキャロットケーキ

基本 + あんず

あんず米粉キャロットケーキ

やさしい味わいの米粉生地に、甘酸っぱいドライあんずがよく合います。
フロスティングにココナッツミルクを混ぜてトロピカルな風味に。

材料　直径15cmの丸型1台分

- にんじん…120g
- くるみ…30g
- ドライあんず…30g
- 卵…2個
- きび砂糖…80g
- 米油(またはなたね油)…80g
- A
  - 製菓用米粉…110g
  - アーモンドパウダー…40g
  - ベーキングパウダー
    …小さじ1と½
  - シナモン…小さじ1
  - 塩…ひとつまみ
- B
  - クリームチーズ…100g
  - ココナッツミルク…50g
  - 粉砂糖…30g
- ミント(飾り用・好みで)…適量

準備

- クリームチーズは室温に戻す。
- 型の底にオーブンシートを敷く。
- オーブンを170℃に予熱する。
- Aは合わせてふるう。

作り方

1. にんじんはすりおろし、くるみは粗く刻む。ドライあんずは2cm大に切る。
2. ボウルに卵を入れて泡立て器で混ぜる。きび砂糖を入れて混ぜ、米油を入れてよく混ぜ合わせる。
3. 2に1を入れてゴムべらで混ぜる。
4. 3のボウルにAをふるい入れてゴムべらで混ぜる。
5. 4を型に入れて表面を平らにならし、170℃のオーブンで45分焼く。竹串を刺して生地が付いてこなければ焼き上がり。型から取り出して(P12参照)、網の上で冷ます。
6. ボウルにBを入れてゴムべらで混ぜる。
7. ケーキ表面に6のクリームを塗り広げ、好みでミントを飾る。

黒ごまいちじく米粉キャロットケーキ

基本＋黒ごまいちじく

Chapter 2 米粉のキャロットケーキ

黒ごまの滋味あふれるこうばしさ、いちじくのコクのある甘みとプチプチの食感があいまって楽しい味に。見た目も黒と白でシックに仕上げます。

材料 縦18×横8×高さ8cmのパウンド型1台分

- にんじん…120g
- くるみ…30g
- ドライいちじく…40g
- 卵…2個
- きび砂糖…80g

A
- 黒ねりごま…30g
- 米油(またはなたね油)…80g

B
- 製菓用米粉…110g
- アーモンドパウダー…40g
- ベーキングパウダー…小さじ1と½
- 塩…ひとつまみ

C
- クリームチーズ…150g
- 粉砂糖…30g

準備

クリームチーズは室温に戻す。
型にオーブンシートを敷く。
オーブンを170℃に予熱する。
Bは合わせてふるう。

作り方

1. にんじんはすりおろし、くるみは粗く刻む。ドライいちじくは1～2cm大に切る。
2. ボウルに卵を入れて泡立て器で混ぜる。きび砂糖を入れて混ぜ、Aを加えてさらに混ぜ合わせる。
3. 2のボウルに1を入れてゴムべらで混ぜる。
4. 3のボウルにBをふるい入れてゴムべらで混ぜる。
5. 4を型に入れて表面を平らにならし、170℃のオーブンで50分焼く。竹串を刺して生地が付いてこなければ焼き上がり。型から取り出して、網の上で冷ます。
6. ボウルにCを入れてゴムべらで混ぜる。
7. 5のケーキの表面に6のクリームを塗り広げる。

黒糖バナナ
米粉キャロットケーキ

甘い香りのバナナ、深みとコクを持つ黒糖の組み合わせは、
やさしい味の米粉生地にしっくりなじみます。
ペースト状にしたバナナを生地に混ぜ、
さらに輪切りにしたバナナを上にトッピング。
クリームチーズには生クリームを混ぜ、ぽってりとさせています。

Chapter 2

米粉のキャロットケーキ

材料 縦18×横8×高さ8cmのパウンド型1台分

にんじん…120g
ミックスナッツ…30g
バナナ…2〜3本
A
　卵…2個
　プレーンヨーグルト…15g
きび砂糖…40g
黒糖…40g
米油(またはなたね油)…80g
レーズン…25g
B
　製菓用米粉…110g
　アーモンドパウダー…40g
　ベーキングパウダー
　　…小さじ1
　重曹…小さじ½
　シナモン…小さじ1
　塩…ひとつまみ
C
　クリームチーズ…50g
　きび砂糖…30g
生クリーム(乳脂肪分35%以上)
　…100㎖

準備

クリームチーズは室温に戻す。
型にオーブンシートを敷く。
オーブンを170℃に予熱する。
Bは合わせてふるう。

作り方

1　にんじんはすりおろす。ミックスナッツは細かく刻む。
2　バナナ1本は厚さ8mmの輪切りにし、残りのバナナ100g分をフォークで潰し、ペースト状にする。
3　ボウルにAを入れて泡立て器で混ぜる。きび砂糖と黒糖を入れて混ぜたら米油、2のバナナペーストを加えて混ぜ合わせる。
4　1とレーズンを入れてゴムべらで混ぜる。Bをふるい入れて混ぜる。
5　4を型に入れて表面を平らにならしたら、輪切りにしたバナナを並べる。170℃のオーブンで50分焼く。竹串を刺して生地が付いてこなければ焼き上がり。型から取り出して網の上で冷ます。
6　ボウルにCを入れてゴムべらでよく混ぜ、生クリームを少量ずつ加えながら、ハンドミキサー(または泡立て器)で混ぜ合わせる(写真a)。
7　ケーキ表面に大きめのスプーンで6のクリームをのせる(写真b)。

生地量が多く、パウンド型の半分以上まで入りそうな場合は、カップケーキ型に入れ、パウンド型と一緒に35分焼く。

材料

生地焼成：28cm角のロールケーキ型
保存容器：縦19×横10×高さ6.5cmのガラスパウンド型

にんじん…50g
A
　卵黄…3個分
　きび砂糖…10g
　米油（またはなたね油）…20g
B
　製菓用米粉…60g
　シナモン…小さじ¼
卵白…3個分
きび砂糖…40g
クリームチーズ…60g
グラニュー糖…40g
マスカルポーネチーズ…100g
C
　生クリーム（乳脂肪分47%）
　　…150ml
　ラム酒…小さじ1
D
　インスタントコーヒー…3g
　熱湯…大さじ3
純ココアパウダー…適量

準備

クリームチーズとマスカルポーネチーズは室温に戻す。
卵白は使用するまで冷蔵庫へ入れておく。
型にオーブンシートを敷く。
オーブンを190℃に予熱する。

作り方

1　にんじんは大根おろし器（P8参照）で、すりおろす。
2　ボウルにAを入れて泡立て器で混ぜる。
3　2のボウルに、にんじんを入れてゴムべらで混ぜ合わせ、Bをふるい入れて混ぜる。
4　大きめのボウルに卵白を入れ、ハンドミキサーで軽く混ぜ、きび砂糖の半量を入れて泡立てる。残りのきび砂糖を2回に分けて入れてその都度攪拌し、ピンと角の立つメレンゲにする。
5　3に4の⅓量を入れて（写真a）、泡立て器で混ぜ合わせる。
6　4に5の全量を入れ、ゴムべらで底からすくうようにして、メレンゲがつぶれないように手早く、均一に混ぜ合わせる（写真b）。
7　ロールケーキ型に6を入れて平らにならす。190℃のオーブンで15分焼く。型から取り出して網の上で冷ます。
8　Dを混ぜて冷ます。7をガラスパウンド型の大きさに合わせて3枚の長方形に切る。
9　ボウルにクリームチーズを入れてゴムべらで練り、グラニュー糖を加えてハンドミキサーで混ぜる。マスカルポーネチーズを加えて混ぜ、Cを入れてハンドミキサーでなめらかになるまで混ぜる。
10　パウンド型に8の生地を1枚敷き、Dを混ぜて冷ましたコーヒーシロップ大さじ1を全体にかけたら（写真c）、9のクリームを⅓量塗る。その上に生地を1枚のせ（写真d）、コーヒーシロップをかけ、残りのクリームを半量塗る。この工程をもう1回繰り返す。最後にクリームの表面を平らにならす。冷蔵庫で3時間〜半日おく。食べる直前にココアパウダーをふりかける（写真e）。

memo

ロールケーキ型がない場合、縦26×横21×高さ3.5cmのホーローバットで焼けます。ただし、ロールケーキ型より生地に厚みが出るので3層ではなく2層にするなど適宜調整するといいでしょう。

a

b

c

d

e

Chapter 2 米粉のキャロットケーキ

米粉キャロットティラミス

卵白を泡立てて作ることで
ふんわりと仕上げた米粉生地を
味わってほしいキャロットケーキです。
上にかけるココアは、フロスティングに
すぐになじんで消えてしまうので、
サーブする直前にかけてください。

みそチーズ米粉キャロットケーキ

シナモンとくるみの香り豊かなキャロット生地に、みそとチーズの塩けをきかせた
甘じょっぱいケーキ。みそは、シンプルな材料で作られている無添加みそがおすすめです。
甘いクリームチーズを添えるといっそうおいしくなります。

材料 縦18×横8×高さ8cmのパウンド型1台分

- にんじん…120g
- くるみ…40g
- 卵…2個
- きび砂糖…80g
- A
  - みそ…15g
  - 米油(またはなたね油)…80g
- シュレッドチーズ…40g
- B
  - 製菓用米粉…110g
  - アーモンドパウダー…40g
  - ベーキングパウダー…小さじ1と½
  - シナモン…小さじ1
- C (好みで)
  - クリームチーズ…100g
  - きび砂糖…20g

準備

- クリームチーズは室温に戻す。
- 型にオーブンシートを敷く。
- オーブンを170℃に予熱する。
- Bは合わせてふるう。

作り方

1. にんじんはすりおろす。くるみは細かく刻む。
2. ボウルに卵を入れて泡立て器で混ぜる。きび砂糖を入れてさらに混ぜ、Aを入れてよく混ぜる。
3. **2**のボウルに**1**とシュレッドチーズを入れてゴムべらで混ぜる。
4. **3**のボウルにBをふるい入れてゴムべらで混ぜる。
5. **4**を型に入れて表面を平らにならし、170℃のオーブンで50分焼く。竹串を刺して生地が付いてこなければ焼き上がり。型から取り出して網の上で冷ます。
6. 好みでCを混ぜたクリームをケーキに添える。

memo

この本では、塩分12〜14％の信州みそを使用しています。みその種類は、米みそ、麦みそ、豆みそ、白みそなど、どれでも好みのものを使ってください。塩分や風味の強いものは量を少し減らすといいでしょう(目安10g程度)。

かぼちゃクリーム米粉キャロットケーキ

スパイシーなキャロットケーキに、ラム酒をきかせたかぼちゃの
チーズクリームを絞りました。ケーキとクリームの間には、
甘酸っぱいラズベリージャムを塗り、味にアクセントをつけています。

材料　直径7×深さ3cmのマフィン型6個分

かぼちゃ…1/4 個
　（300g。皮や種、ワタを含む）
にんじん…120g
くるみ…30g
A
　卵…2個
　プレーンヨーグルト…15g
きび砂糖…80g
米油（またはなたね油）…80g
レーズン…25g
B
　製菓用米粉…110g
　アーモンドパウダー…40g
　ベーキングパウダー
　　…小さじ1
　重曹…小さじ1/2
　シナモン…小さじ1
　クローブ…小さじ1/4
　ナツメグ…小さじ1/4
　塩…ひとつまみ
C
　クリームチーズ…100g
　きび砂糖…50g
　ラム酒…小さじ1
ラズベリージャム…適量
かぼちゃの種（飾り用）…適量

作り方

1. かぼちゃは種とワタを取り除き、4cm大に切る。耐熱皿に並べ、ラップをして電子レンジで竹串がスッと通るまで約5分、様子を見ながら加熱する。皮を取り除き、果肉を網目の細かいざるで裏ごしして冷ます。
2. にんじんはすりおろす。くるみは細かく刻む。
3. ボウルにAを入れて泡立て器で混ぜる。きび砂糖を入れて混ぜ、米油を加えてよく混ぜる。
4. 3のボウルに2とレーズンを入れてゴムべらで混ぜる。
5. 4のボウルにBをふるい入れてゴムべらで混ぜる。
6. 5を型に入れ、170℃のオーブンで35分焼く。竹串を刺して生地が付いてこなければ焼き上がり。型から取り出して網の上で冷ます。
7. ボウルに1のかぼちゃ100g分とCを入れてゴムべらで混ぜる。直径15～20mmの星口金をセットした絞り袋に入れる。
8. 生地の表面にラズベリージャムを1cm大くらいのせ（写真a）、その上に7を絞り（写真b）、かぼちゃの種を飾る。

準備

クリームチーズは室温に戻す。
型にグラシンカップを重ねて敷く。
オーブンを170℃に予熱する。
Bは合わせてふるう。

Chapter 2 ｜ 米粉のキャロットケーキ

米粉のカップシフォンキャロットケーキ

ふわふわのシフォンキャロット生地に、
甘酸っぱいヨーグルトクリームを詰めた、軽やかな味わいのケーキです。
生地がしぼまないよう材料をすべて計量してから、一気に作ってください。

Chapter 2 米粉のキャロットケーキ

材料 直径7×深さ3cmのマフィン型6個分

にんじん…50g
A
　卵黄…2個分
　きび砂糖…10g
　米油(またはなたね油)…15g
B
　製菓用米粉…40g
　シナモン…小さじ¼
卵白…2個分
きび砂糖…30g
C
　生クリーム(乳脂肪分35%以上)
　　…200㎖
　プレーンヨーグルト…30g
　きび砂糖…15g
ひなあられ(飾り用・好みで)…適量

準備

卵白は冷蔵庫へ入れておく。
型にグラシンカップを敷く。
オーブンを170℃に予熱する。
Bは合わせてふるう。

作り方

1. にんじんは大根おろし器(P8参照)で、すりおろす。
2. ボウルにAを入れて泡立て器で混ぜ合わせる。
3. **2**のボウルに**1**を加えてゴムべらで混ぜたら、Bをふるい入れて混ぜる。
4. 大きめのボウルに卵白を入れ、ハンドミキサーで軽く溶きほぐし、きび砂糖の半量を入れて泡立てる。残りのきび砂糖を2回に分けて入れてその都度撹拌し、ピンと角の立ったメレンゲにする。
5. **3**に**4**の⅓量を入れてゴムべらで混ぜ合わせる。
6. **4**に**5**の全量を入れ、ゴムべらで底からすくうようにして、メレンゲがつぶれないように手早く、均一になるように混ぜ合わせる。
7. **6**を型に入れ、170℃のオーブンで25〜30分焼く。竹串を刺して、生地が付いてこなければ焼き上がり。型から取り出して網の上で冷ます。
8. ボウルにCを入れてハンドミキサーで撹拌する(写真a)。直径8〜10mmの丸口金をセットした絞り袋に入れ、**7**に口金を差し込み(写真b)、クリームを絞り入れて(写真c)、好みでひなあられを飾る。

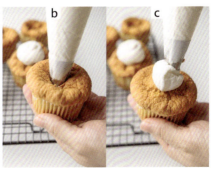

番外編・ヘルシーキャロットケーキ

オートミールのキャロットケーキ

カルシウムや抗酸化作用のあるビタミンE、食物繊維などを含む栄養価の高いオートミールは米粉と並んで人気のヘルシー素材。粗くすりつぶして生地に混ぜ込むことで、くるみとあいまってケーキ全体からこうばしい香りが立ち上り、生地もふっくら焼き上がります。

材料 直径15cmの丸型1台分

- オートミール…40g
- にんじん…120g
- くるみ…30g
- A
  - 卵…2個
  - プレーンヨーグルト…15g
- きび砂糖…80g
- なたね油…80g
- レーズン…25g
- B
  - 薄力粉…80g
  - ベーキングパウダー…小さじ1
  - 重曹…小さじ½
  - シナモン…小さじ1
  - 塩…ひとつまみ
- オートミール…10g(飾り用)
- C
  - クリームチーズ…70g
  - きび砂糖…15g
- 生クリーム(乳脂肪分35%以上)…30mℓ

準備

- クリームチーズは室温に戻す。
- 型の底にオーブンシートを敷く。
- オーブンを170℃に予熱する。
- Bは合わせてふるう。

作り方

1 オートミール40gは麺棒やすりこぎで約3分、粗めにすりつぶす(point)。
2 にんじんはすりおろし、くるみは粗くくだく。
3 ボウルにAを入れて泡立て器で混ぜる。きび砂糖を加えて混ぜる。なたね油を加えてよく混ぜる。
4 3のボウルに2とレーズンを入れてゴムべらで混ぜる。
5 4のボウルにBをふるい入れて1を加え、ゴムべらで練らないように混ぜる。
6 5を型に入れたら表面を平らにならし、10gのオートミールを縁まで表面全体に散らす。
7 170℃のオーブンで45分焼く。竹串を刺して、生地が付いてこなければ焼き上がり。型から取り出して(P12参照)、網の上で冷ます。
8 ボウルにCを入れて泡立て器で混ぜたら、生クリームを加えてさらに混ぜる。クリームを添える。

point
完全に粉にならなくても大丈夫。粗めのほうが食感を楽しめます。

Column　美しく仕上げたい！ **デコレーションと切り方のコツ**

「美しく、スタイリッシュに仕上がるデコレーションの方法を知りたい！」
そんな質問をフォロワーさんたちからもよくいただきます。
一見、難しそうに見えて実は簡単にできる、デコレーションのコツをまとめました。

基本の２種塗り

円形塗り

ジグザグ塗り

縁までぴったり広げず、またきれいにならず、スプーンを動かしたあとの筋をうまく使って塗り広げます。円形塗りはアットホームなかわいらしさがあり、ジグザグ塗りはスタイリッシュな雰囲気に。

ジャムデコレーション

1

2

「円形塗り」か「ジグザグ塗り」をしたら、1：ジャムを2か所にのせ、スプーンかフォークの先で大きく円形状に広げます。2：ジャムが少ないところ、たっぷりあるところができるよう、ランダムに広げます。

クリームを絞る

1

2

3

クリームをきれいに絞るためのポイントは3つ！　1：絞り袋に口金を入れ、口金の少し上で絞り袋をねじってから、口金の中に押し込む。2：マグカップなどに1)の絞り袋をセットし、クリームを入れます。3：絞り袋の上部はクリームが入ったギリギリのところをねじり、利き手でしっかり持って。もう一方の手は、利き手を下から支えるようにして添えて、ぎゅっと絞ります。

失敗したら？

クリームを絞ったものの、失敗してしまった！　そんなときは、ゴムべらで、表面を平らにならしナッツなどを飾ります。生クリームなどが入っていないチーズベースのクリームだから、何度さわっても、ぼそぼそになることも、だれることもないのもいいところ。

きれいに切るコツ

意外と難しいのがケーキを切ること。でも少しのコツを知れば上手にできます。1：クリームが柔らかいと切りにくいので、ケーキを冷蔵庫で冷やします。2：クリームは包丁の刃で切るというよりも熱で切ります。包丁を熱湯につけて温め、ペーパータオルで水けを拭き取ります。3：包丁をケーキに入れたら、小さく前後させながら動かします。

Chapter 3
フルーツキャロットケーキ

四季折々のみずみずしいフルーツ、
バナナやパイナップル、ベリーにりんご、
いちじくや柿などを使ったレシピをご紹介します。
フレッシュなすりおろしにんじんは、
どんなフルーツとも好相性。
焼いて甘みと香りがぐっと強まった果汁が、
キャロット生地にじんわりなじむのも、
フルーツキャロットケーキならではです。

キャラメルバナナキャロットケーキ

ほろ苦いカラメルソースをまったりと甘いバナナにからませて、こうばしく焼き上げたリッチなキャロットケーキです。飴状になってカリカリした表面がまたおいしい。甘みの強いレーズンと香り豊かなピーカンナッツとの相性も抜群です。

材料　直径15cmの丸型1台分

A
　グラニュー糖…60g
　水…大さじ1
バナナ…2〜3本
にんじん…60g
ピーカンナッツ…15g
バター(無塩)…50g
きび砂糖…40g
卵…1個
B
　薄力粉…60g
　ベーキングパウダー
　　…小さじ½
　重曹…小さじ¼
　シナモン…小さじ½
　塩…少々
レーズン…10g

準備

- バターは室温に戻す。
- 卵は室温に戻す。
- 型にバター10g(分量外)を塗る。
- オーブンを170℃に予熱する。
- Bは合わせてふるう。

作り方

1. カラメルを作る。小鍋にAを入れて中火にかける。ゆすったり、混ぜたりせず、そのまま縁から色づき、黄色からベージュに色が変わり、濃い茶色になったら火を止め、水大さじ1(分量外)を入れる(はねるので注意)(写真a)。
2. 1が熱いうちに型に流し入れる(高温のため、やけどに注意)。
3. バナナは縦半分に切り、型に並べ入れる(写真b、c)。
4. にんじんはすりおろす。ピーカンナッツは粗く刻む。
5. ボウルにバターを入れ、泡立て器でなめらかになるまで混ぜる。きび砂糖を加えて混ぜる。溶いた卵を3〜4回に分けて加えながら、その都度よく混ぜる。
6. 5のボウルにBをふるい入れてゴムべらで練らないように混ぜる。粉っぽさが残っている状態で4とレーズンを入れて混ぜる。
7. 6を型に入れ、表面を平らにならしたら、170℃のオーブンで45分焼く。竹串を刺して生地が付いてこなければ焼き上がり。
8. 生地の側面と型の間にパレットナイフやナイフなどを入れてぐるりと一周させる(P12参照)。型の上に網やバットをかぶせ、逆さにして取り出す。粗熱が取れたら冷蔵庫で冷やす。

Chapter 3 フルーツキャロットケーキ

パインココナッツキャロットケーキ

Chapter 3　フルーツキャロットケーキ

味の強いパイナップルは、生地に混ぜ込むとにんじんの風味が薄いでしまいますが、アップサイドダウンスタイルにして焼くことで、パイナップルとにんじんの両方の味を楽しめるようにしました。周りにココナッツをまぶし、心弾む見た目と味に仕上げています。

材料　直径15cm丸型1台分

- パイナップル(カット)…170〜200g
- にんじん…60g
- くるみ…15g
- バター(無塩)…50g
- きび砂糖…40g
- 卵…1個
- A
  - 薄力粉…60g
  - ベーキングパウダー…小さじ½
  - 重曹…小さじ¼
  - シナモン…小さじ½
  - 塩…少々
- レーズン…15g
- B
  - 生クリーム(乳脂肪分35%以上)…100㎖
  - プレーンヨーグルト…15g
  - グラニュー糖…5g
- ココナッツファイン…適量

準備

- バターは室温に戻す。
- 卵は室温に戻す。
- 型にバター10g(分量外)を塗る。
- オーブンを170℃に予熱する。
- Aは合わせてふるう。

作り方

1. パイナップルは5mm厚さに切り、型に並べ入れる(point)。
2. にんじんはすりおろし、くるみは粗く刻む。
3. ボウルにバターを入れて泡立て器で混ぜ、なめらかにする。きび砂糖を加えて混ぜ合わせる。溶いた卵を3〜4回に分けて加えながら、その都度よく混ぜる。
4. 3のボウルにAをふるい入れてゴムべらで練らないように混ぜる。粉っぽさが残っている状態で2とレーズンを入れてさらに混ぜる。
5. 4を型に入れ、表面を平らにならす。170℃のオーブンで45分焼く。竹串を刺して生地が付いてこなければ焼き上がり。
6. 生地の側面と型との間にパレットナイフやナイフなどを入れ、ぐるりと一周させる(P12参照)。型の上に網やバットをかぶせ、逆さにして取り出す。粗熱が取れたら冷蔵庫で冷やす。
7. ボウルにBを入れ、泡立て器で混ぜる。6の側面に塗り、ココナッツファインを貼り付ける。

point

作り方1で型の底にパイナップルを並べるとき、端が少しずつ重なるようにして、縁から入れていくと、きれいに仕上がります。

オレンジチョコキャロットケーキ

チョコレートとオレンジは、間違いなくおいしい王道の組み合わせ。
クリームにはフレッシュなオレンジの皮をすりおろしてミックス。ひと口ごとに、
オレンジのさわやかな香りとナッツの風味、にんじんの穏やかな甘みが感じられるケーキです。

材料 縦18×横8×高さ8cmのパウンド型1台分

- にんじん…120g
- ピーカンナッツ…30g
- A
  - 卵…2個
  - プレーンヨーグルト…15g
- きび砂糖…80g
- なたね油…80g
- レーズン…30g
- B
  - 薄力粉…120g
  - ベーキングパウダー…小さじ1
  - 重曹…小さじ½
  - シナモン…小さじ1と½
  - 塩…ひとつまみ
- クリームチーズ…100g
- C
  - サワークリーム…50g
  - 粉砂糖…30g
  - 生クリーム(乳脂肪分35%以上)…90ml
  - オレンジの皮のすりおろし*…½個分
    *国産が望ましい。
- クーベルチュールチョコレート…80g
  *ここでは「ヴァローナ カラク(カカオ56%)」のタブレットを使用。
- 生クリーム(乳脂肪分35%以上)…80ml

準備

- クリームチーズは室温に戻す。
- 型にオーブンシートを敷く。
- オーブンを170℃に予熱する。
- Bは合わせてふるう。

作り方

1. にんじんはすりおろし、ピーカンナッツは粗く刻む。
2. ボウルにAを入れて泡立て器で混ぜる。きび砂糖を加えて混ぜ、なたね油を加えてよく混ぜ合わせる。
3. **2**のボウルに**1**とレーズンを入れてゴムべらで混ぜる。
4. **3**のボウルにBをふるい入れてゴムべらで練らないように混ぜる。
5. **4**を型の半分まで入れ(生地を全量入れると高さが出すぎてバランスが悪くなる)、表面を平らにならす。170℃のオーブンで45分焼く。竹串を刺して、生地が付いてこなければ焼き上がり。型から取り出して網の上で冷ます。
   *ここで余った生地はマフィンカップなどに入れて、一緒に35分焼く。
6. ボウルにクリームチーズを入れ、泡立て器で混ぜてなめらかにする。Cを材料欄の順に入れ、その都度混ぜ合わせる。
7. **5**の生地を横に3等分に切る。間に**6**のクリームを塗り(写真a)、生地を重ねてサンドする(写真b)。ラップで包み、冷蔵庫に入れる。
8. 耐熱ボウルにクーベルチュールチョコレート(かたまりの場合は細かく刻んでから)を入れる。
9. 小鍋に生クリームを入れて中火で温める。煮立つ直前で火を止め、**8**に注ぎ、泡立て器でよく混ぜる。そのまま人肌程度まで冷ます。
10. バットに網をのせ、ラップをはずして**7**を置く。**9**をかける(写真c)。保存容器などに入れて(ケーキをふたにのせ、容器をふたのようにかぶせると取り出しやすい)冷蔵庫で1時間ほど冷やす。

a

b

c

Chapter 3 フルーツキャロットケーキ

53

ブラッドオレンジキャロットケーキ

色も味も濃いブラッドオレンジの皮と果汁を使ったキャロットケーキです。
皮は生地に混ぜ込み、フロスティングのかわりに果汁で桜色の愛らしいアイシングを作りました。
オレンジの色は退色しやすいため、プレゼントするならアイシングは当日にかけてください。

Chapter 3 フルーツキャロットケーキ

材料　縦18×横8×高さ8cmのパウンド型1台分

- ブラッドオレンジ(国産)…1個
  - ＊オレンジ(国産)で代用可。
- にんじん…150g
- くるみ…30g
- A
  - 卵…2個
  - プレーンヨーグルト…15g
- きび砂糖…80g
- なたね油…80g
- レーズン…30g
- B
  - 薄力粉…120g
  - ベーキングパウダー…小さじ1
  - 重曹…小さじ½
  - シナモン…小さじ1
  - クローブ…小さじ¼
  - ナツメグ…小さじ¼
  - 塩…ひとつまみ
- アイシング
  - 粉砂糖…50g
  - ブラッドオレンジ果汁…小さじ2
  - ＊オレンジジュースで代用可。

準備

型にオーブンシートを敷く。
オーブンを170℃に予熱する。
Bは合わせてふるう。

memo

国産のブラッドオレンジのシーズンは3～4月、輸入ものは12～5月。ブラッドオレンジが手に入らない場合は、一般的なオレンジでも作れます。ただし、アイシングの色は薄いオレンジ色になります。

作り方

1. ブラッドオレンジは皮をすりおろす。果肉は絞って果汁にし、容器に入れてラップをし、冷蔵庫に入れる。
2. にんじんはすりおろし、くるみは粗く刻む。
3. ボウルにAを入れて泡立て器で混ぜる。きび砂糖を加えて混ぜ、なたね油を入れてよく混ぜ合わせる。
4. **3**のボウルに**1**の皮のすりおろしと**2**、レーズンを入れてゴムべらで混ぜる。
5. **4**のボウルにBをふるい入れてゴムべらで練らないように混ぜる。
6. **5**を型に入れて表面を平らにならす。170℃のオーブンで50分焼く。竹串を刺して、生地が付いてこなければ焼き上がり。型から取り出して網の上で冷ます。
7. アイシングを作る。ボウルに粉砂糖、**1**の果汁小さじ2を入れてよく混ぜる。
8. バットに網をのせ、**6**を置く。**7**をかける。そのまま30分～1時間ほどおき、表面のアイシングを乾かす。

はちみつレモンキャロットケーキ

レモン好きに捧げる、はちみつレモンをふんだんに使ったキャロットケーキです。
はちみつレモンは煮込んでしっかりめに味をつけ、つややかに仕上げています。
レモンを生地に混ぜ、表面にも飾ることで、
ケーキの内と外からにんじんのやさしい甘みを引き立てます。

材料　縦18×横8×高さ8cmのパウンド型1台分

[はちみつレモン煮]
作りやすい分量
- レモン（国産）…4個
- A
  - はちみつ…40g
  - グラニュー糖…40g

- にんじん…120g
- くるみ…30g
- B
  - 卵…2個
  - プレーンヨーグルト…15g
- きび砂糖…80g
- なたね油…80g
- レーズン…25g
- C
  - 薄力粉…120g
  - ベーキングパウダー…小さじ1
  - 重曹…小さじ½
  - シナモン…小さじ1
  - カルダモン…小さじ½
  - 塩…ひとつまみ
- D
  - クリームチーズ…100g
  - サワークリーム…50g
  - 粉砂糖…30g

準備

- クリームチーズとサワークリームは室温に戻す。
- 型にオーブンシートを敷く。
- オーブンを170℃に予熱する。
- Cは合わせてふるう。

作り方

1. はちみつレモン煮を作る。レモン3個は3〜5mmの薄切りにする。レモン1個は果汁を絞る。
2. 鍋に薄切りにしたレモンを並べ入れ、レモン果汁とAを入れて火にかける。煮立ったら弱火にし、シロップがとろりとするまで煮詰める。火を止め、粗熱が取れたら保存容器に入れて冷蔵庫へ入れる。
3. にんじんはすりおろす。くるみは細かく刻む。2のはちみつレモン煮は30g分を細かく刻む。
4. ボウルにBを入れて泡立て器で混ぜる。きび砂糖を加えて混ぜ、なたね油を加えてよく混ぜ合わせる。
5. 4のボウルに3とレーズンを入れてゴムべらで混ぜる。
6. 5のボウルにCをふるい入れてゴムべらで練らないように混ぜる。
7. 6を型に入れて表面を平らにならす。170℃のオーブンで50分焼く。竹串を刺して、生地が付いてこなければ焼き上がり。型から取り出して網の上で冷ます。
8. ボウルにDを入れて泡立て器で混ぜてなめらかにする。
9. 7の表面に8を塗り、2のはちみつレモン煮を並べてのせる。

memo
はちみつレモン煮が余ったら、バニラアイスのトッピングや炭酸割りに。冷蔵庫で1週間保存可能です。

Chapter 3 フルーツキャロットケーキ

レモンカードキャロットケーキ

甘酸っぱくて、こっくりクリーミーなレモンカードとレモンの皮を生地に入れて焼き上げました。ベーシックなキャロットケーキにレモンの酸味が加わることで、穏やかな甘みを持つにんじんの風味も際立ってくるから不思議です。

材料 縦18×横8×高さ8cmのパウンド型1台分

- にんじん…120g
- くるみ…30g
- A
  - 卵…2個
  - プレーンヨーグルト…15g
- きび砂糖…80g
- なたね油…80g
- レーズン…25g
- B
  - 薄力粉…120g
  - ベーキングパウダー…小さじ1
  - 重曹…小さじ½
  - シナモン…小さじ1
  - 塩…ひとつまみ
- レモンカード(市販)…50g
- レモン(国産)の皮のすりおろし…½個分
- C
  - クリームチーズ…150g
  - 粉砂糖…30g
- レモンカード(市販・飾り用)…適量

準備

クリームチーズは室温に戻す。
型にオーブンシートを敷く。
オーブンを170℃に予熱する。
Bは合わせてふるう。

作り方

1. にんじんはすりおろし、くるみは粗く刻む。
2. ボウルにAを入れて泡立て器で混ぜる。きび砂糖を加えて混ぜ、なたね油を加えてよく混ぜ合わせる。
3. 2のボウルに1とレーズンを入れてゴムべらで混ぜる。
4. 3のボウルにBをふるい入れてゴムべらで練らないように混ぜる。
5. 4の半量を型に入れ、レモンカード半量をスプーンで落とし、レモンの皮のすりおろしを散らす。残りの4を入れ、残りのレモンカードを全体に置く。竹串を生地に刺し、軽く混ぜる(point)。
6. 170℃のオーブンで50分焼く。竹串を刺して、生地が付いてこなければ焼き上がり。型から取り出して網の上で冷ます。
7. ボウルにCを入れ、泡立て器で混ぜ合わせてなめらかにする。直径15mmの丸口金をセットした絞り袋に全量入れ、ケーキの上へ7個ほど4cm大にランダムに絞る。直径10mmの星口金をセットした絞り袋に残ったクリームを移し入れ、丸口で絞ったクリームに沿わせるように絞る。
8. 直径8mmの丸口金をセットした絞り袋に飾り用のレモンカードを入れ、クリームの隙間に絞る。

point

作り方5で、竹串をジグザグに動かすことで、レモンカードがマーブル状になる。

ラズベリー＆ホワイトチョコの
キャロットケーキ

ほのかな酸味に甘く香るラズベリーとミルキーなホワイトチョコ、くるみのこうばしさを楽しむキャロットケーキです。ポイントはラズベリーを生地の間にはさみ込んで焼くこと。ラズベリーの周りの生地に果汁が染みてしっとりし、そこがまたおいしいんです。

材料 直径15cmの丸型1台分

にんじん…120g
くるみ…30g
A
　卵…2個
　プレーンヨーグルト…15g
きび砂糖…80g
なたね油…80g
B
　薄力粉…120g
　ベーキングパウダー…小さじ1
　重曹…小さじ½
　シナモン…小さじ1
　塩…少々
冷凍ラズベリー…40g
＊あればフレッシュラズベリー同量でもよい。
C
　クリームチーズ…100g
　粉砂糖…20g
ホワイトチョコレート(板チョコレート)
　…½枚

準備

　クリームチーズは室温に戻す。
　型の底にオーブンシートを敷く。
　オーブンを170℃に予熱する。
　Bは合わせてふるう。

作り方

1 にんじんはすりおろし、くるみは細かく刻む。
2 ボウルにAを入れて泡立て器で混ぜる。きび砂糖を加えて混ぜ、なたね油を入れてよく混ぜ合わせる。
3 2のボウルに1を入れてゴムべらで混ぜる。
4 3のボウルにBをふるい入れてゴムべらで練らないように混ぜる。
5 4の半量を型に入れ、凍ったままのラズベリーを入れる。残りの4を重ね入れ、ラズベリーが見えないように表面をならす。
6 170℃のオーブンで45分焼く。竹串を刺して、生地が付いてこなければ焼き上がり。型から取り出して(P12参照)、網の上で冷ます。
7 ボウルにCを入れ、泡立て器で混ぜ合わせてなめらかにし、6のケーキの表面に塗る。
8 ホワイトチョコレートをピーラーで削り(point)、クリームの上にかける。

point

ホワイトチョコレートをピーラーで削ると、くるんと丸まってかわいらしくなります。

Chapter 3 フルーツキャロットケーキ

赤ワイン煮いちじくのキャロットケーキ

Chapter 3 フルーツキャロットケーキ

シナモン、クローブ、八角の香りを染み込ませたいちじくの赤ワイン煮を、スパイスなしのキャロット生地の上に並べて焼き込みます。いちじくの果汁とスパイシーなシロップがケーキから立ち上り絶品です。塩けの強いチーズを少し添えて食べてもおいしいです。

材料 直径15cmの丸型1台分

[いちじくの赤ワイン煮]
作りやすい分量

A
- 赤ワイン…250g
- 水…100g
- グラニュー糖…40g
- シナモン(ホール)…1本
- クローブ(ホール)…3個
- 八角(ホール)…1個

いちじく
- …300g
(小ぶりなもの約5〜6個分)

にんじん…60g
くるみ…15g

B
- 卵…1個
- プレーンヨーグルト…5g

きび砂糖…40g
なたね油…40g
レーズン…10g

C
- 薄力粉…60g
- ベーキングパウダー…小さじ½
- 重曹…小さじ¼
- 塩…少々

アーモンドスライス…15g
(好みで)チーズ…適量

準備

- 型の底にオーブンシートを敷く。
- オーブンを170℃に予熱する。
- Cは合わせてふるう。

作り方

1. いちじくの赤ワイン煮を作る。小鍋にAを入れてひと煮立ちさせ、皮付きのままいちじくを入れて、ふたはせず中火で5分煮る(写真a)。そのまま冷まし、空気が入らないよう表面にラップをし、冷蔵庫でひと晩おく。
2. にんじんはすりおろす。くるみは粗く刻む。いちじくの赤ワイン煮120g(2〜3個目安)を取り出し、汁けを拭き取り、半分に(大きければ¼のくし形に)切る。
3. ボウルにBを入れて泡立て器で混ぜる。きび砂糖を加えて混ぜ、なたね油を入れてよく混ぜる。
4. 3のボウルに2のにんじんとくるみ、レーズンを入れてゴムべらで混ぜる。
5. 4のボウルにCをふるい入れてゴムべらで練らないように混ぜる。
6. 5を型に入れ、表面を平らにならし、2のいちじくを放射状に並べ入れ、アーモンドスライスを散らす(写真b)。
7. 170℃のオーブンで50分焼く。竹串を刺して生地が付いてこなければ焼き上がり。型から取り出して(P12参照)、網の上で冷ました後、冷蔵庫でしっかり冷やす。好みでチーズを添える。

a

b

memo
残ったいちじくの赤ワイン煮は保存容器に移し、シロップに浸した状態で、冷蔵庫で約5日間保存できます。さらに残ったシロップは保存袋に入れ、厚さ1cm程度にならして冷凍します。フォークで削り、シャリシャリのグラニテ(シャーベット)として楽しむのもおすすめです。

柿のキャロットケーキ

生地にアーモンドパウダーを加えてしっとりさせ、コクも出しました。
フレッシュな柿を焼き込むことで、果汁が染み込んだ部分がややふるふるな状態になっておいしい！ 柿のジューシーさとアーモンドパウダーの風味があいまってリッチな味わいに。

材料 直径15cmの丸型1台分

柿…140g
レモン果汁…小さじ½
にんじん…60g
A
　卵…1個
　プレーンヨーグルト…10g
きび砂糖…40g
なたね油…40g
レーズン…20g
B
　薄力粉…50g
　アーモンドパウダー…20g
　ベーキングパウダー
　　…小さじ½
　重曹…小さじ¼
　シナモン…小さじ½
　塩…少々
アーモンドスライス…20g

準備

- 型の底にオーブンシートを敷く。
- オーブンは170℃に予熱する。
- Bは合わせてふるう。

作り方

1. 柿は皮をむいて種を取り、1cm幅のくし形切りにし、レモン果汁をかける。
2. にんじんはすりおろす。
3. ボウルにAを入れて泡立て器で混ぜる。きび砂糖を入れて混ぜ、なたね油を入れてよく混ぜる。
4. **3**のボウルに**2**とレーズンを入れてゴムべらで混ぜる。
5. **4**のボウルにBをふるい入れてゴムべらで練らないように混ぜる。
6. **5**を型に入れて表面を平らにならしたら、アーモンドスライスを半量散らし、**1**の柿を放射状に並べ入れる。残りのアーモンドスライスを散らす。
7. 170℃のオーブンで50分焼く。竹串を刺して生地が付いてこなければ焼き上がり。型から取り出して(P12参照)、網の上で冷ます。冷蔵庫でしっかり冷やす。

Chapter 3 フルーツキャロットケーキ

りんごクランブルのキャロットケーキ

焼いて甘みを増したりんごと、シナモンをきかせたさくほろ食感のクランブル、
生地にはクローブを混ぜ込みます。
複雑な味のハーモニーを楽しんでほしいキャロットケーキです。
クランブルは冷凍庫で凍らせるとさくさくになるので、お好みでどうぞ。

Chapter 3

フルーツキャロットケーキ

リベイクしたケーキを器に盛り、アイスをのせ、メープルシロップをかけて食べてもおいしい。

材料
縦18×横8×高さ8cmのパウンド型1台分

[クランブル]
A
  薄力粉…40g
  ＊薄力粉20g＋全粒粉20gにすると、さくさくほろほろして尚、おいしい。
  きび砂糖…20g
  シナモン…小さじ1/2
  塩…少々
  バター(無塩)…20g

にんじん…60g
くるみ…30g
りんご…150g
B
  卵…2個
  プレーンヨーグルト…15g
きび砂糖…80g
なたね油…80g
レーズン…25g
C
  薄力粉…120g
  ベーキングパウダー…小さじ1
  重曹…小さじ1/2
  シナモン…小さじ1
  クローブ…小さじ1/4
  塩…ひとつまみ

準備
型にオーブンシートを敷く
オーブンを170℃に予熱する。
Cは合わせてふるう。
バターは湯煎で溶かす。

作り方

1 クランブルを作る。ボウルにAを入れてフォークで混ぜる。溶かしバターを加えてさらに混ぜ、そぼろ状にする(写真a)。ボウルにラップをかけ、冷凍庫に入れる。
   ＊混ぜすぎてサラサラになってしまったら手でギュッと握ってかたまりを作り、軽くほぐすとよい。
2 にんじんはすりおろす。くるみは粗く刻む。
3 りんごは皮ごと3～5mm厚さのくし形切りにする。
4 ボウルにBを入れて泡立て器で混ぜる。きび砂糖を入れて混ぜたら、なたね油を入れてよく混ぜる。
5 4のボウルに2とレーズンを入れてゴムべらで混ぜる。
6 5のボウルにCをふるい入れてゴムべらで練らないように混ぜる。
7 6の生地の半量を型に入れて表面を平らにならす。3のりんご40gをずらすようにして並べ(写真b)、残りの生地を入れる。
8 残りのりんごを3等分にし、生地に、りんごを差し込むようにして、少しずつずらしながら斜めに並べる(写真c)。クランブルを空いているところに入れる(写真d)。
9 170℃のオーブンで50分焼く。竹串を刺して生地が付いてこなければ焼き上がり。型から取り出して網の上で冷ます。

いちごとカマンベールのキャロットケーキ

焼くことでジャムのように甘みを増してとろっとしたいちごと、カマンベールチーズの塩けが、思いがけず、シナモンの香るキャロットケーキとよくなじみました。くせになるおいしさです。

材料 15cmの角型1台分

にんじん…120g
くるみ…30g
いちご…60g
カマンベールチーズ…90g
A
　卵…2個
　プレーンヨーグルト…15g
きび砂糖…80g
なたね油…80g
B
　薄力粉……120g
　ベーキングパウダー
　　…小さじ1と½
　シナモン…小さじ1
　塩…ひとつまみ

準備

オーブンを170℃に予熱する。
型にオーブンシートを敷く。
Bは合わせてふるう。

作り方

1. にんじんはすりおろし、くるみは粗く刻む。いちごは半分に切り、カマンベールチーズは12等分に切る。
2. ボウルにAを入れて泡立て器で混ぜる。きび砂糖を入れて混ぜ、なたね油を入れてよく混ぜ合わせる。
3. **2**のボウルに**1**のにんじんとくるみを入れて、ゴムべらで混ぜる。
4. **3**のボウルにBをふるい入れてゴムべらで練らないように混ぜる。
5. **4**を型に入れて表面を平らにならす。**1**のいちごとカマンベールチーズを生地の表面に並べる(写真a)。170℃のオーブンで45分焼く。竹串を刺して生地が付いてこなければ焼き上がり。型から取り出して網の上で冷ます。

a

Chapter 4
和洋菓子的キャロットケーキ

甘い煮豆やあんこ、甘酒や酒粕、干し柿に干しいもなど
「和」を意識した素材を使った、キャロットケーキをご紹介。
身体にやさしく、心がほっこりするレシピたちです。
スイートポテトをデコレーションしたり、
かぼちゃとあんを混ぜこんだり、和菓子のような洋菓子のような、
どこか懐かしいキャロットケーキをお楽しみください。

スイートポテトのキャロットケーキ

甘くてほくほく、しっとりしたスイートポテトをかわいらしく絞った、華やかなキャロットケーキ。
シナモンとさつまいもが好相性です。裏ごしや絞りがちょっと手間なら、
マッシュしてからケーキの上に平らにならしてのせ、卵液を塗って焼いてもいいでしょう。

材料　直径15cmの丸型1台分

さつまいも…300g
A
　バター（無塩）…50g
　きび砂糖…50g
　ラム酒…小さじ1
卵黄…1個分
にんじん…60g
ミックスナッツ…30g
卵…1個
きび砂糖…40g
なたね油…60g
B
　薄力粉…80g
　ベーキングパウダー
　　…小さじ½
　シナモン…小さじ½
　塩…少々

準備

焼きいもを作る。さつまいもを洗い、アルミ箔で包む。180℃に予熱したオーブンで60～80分焼く。竹串がスッと通ったら焼き上がり。冷ます。
バターは室温に戻す。
型にオーブンシートを敷く（P87参照）。
オーブンを170℃に予熱する。
Bは合わせてふるう。

作り方

1　スイートポテト生地を作る。焼きいもの皮をむき、ざるで裏ごしする。
2　1のボウルにAを入れて泡立て器で混ぜる。卵黄を加え、泡立て器で混ぜ合わせる。直径13mmの星口金をセットした絞り袋に入れる。
3　にんじんはすりおろす。ミックスナッツは細かく刻む。
4　ボウルに卵を入れて泡立て器でほぐし、きび砂糖を加えて混ぜ、なたね油を入れてよく混ぜ合わせる。
5　4のボウルに3を入れてゴムべらで混ぜる。
6　5のボウルにBをふるい入れてゴムべらで練らないように混ぜる。
7　6を型に入れて表面を平らにならす。170℃のオーブンで50分焼く。竹串を刺して、生地が付いてこなければ焼き上がり。型から取り出して（P12参照）、網の上で冷ます。
8　2のスイートポテト生地を外側から絞る。1周したら、内側2周目、さらに中央へと絞っていく。

さつまいもの裏ごしはなめらかで上品な口当たりにするため、そして練りやすくするため。大変なら裏ごしをせずにキャロット生地の上にのせて平らにならして焼いても。キャロット生地に沈みやすいのでご注意を。

Chapter 4 和洋菓子的キャロットケーキ

栗とゆずジャムのキャロットケーキ

基本のキャロットケーキに入れるくるみとレーズンのかわりに、
ゆずジャムとほくほくのゆで栗を生地の上に敷き、さくほろ食感のクランブルを散らした
和風キャロットケーキ。シナモンと栗、ゆずの相性はとてもよいので、ぜひ作ってほしい一品です。

材料　15cmの角型1台分

栗…80g
　（正味・皮付きの状態で 150〜200g）

[クランブル]
A
　薄力粉…40g
　きび砂糖…20g
　シナモン…小さじ½
　塩…少々
バター(無塩) a…20g

にんじん…80g
B
　バター(無塩) b…80g
　きび砂糖…40g
卵…1個
C
　薄力粉…80g
　ベーキングパウダー
　　…小さじ½
　シナモン…小さじ½
　塩…少々
ゆずジャム…40g
粉砂糖(仕上げ用・溶けないタイプ)…適量

作り方

1　クランブルを作る。ボウルにAを入れてフォークで混ぜる。溶かしバターを加えてさらに混ぜ、そぼろ状にする(P67 写真 a 参照)。ボウルにラップをかけ、冷凍庫に入れる。
＊混ぜすぎてサラサラになってしまったら手でギュッと握ってかたまりを作り、軽くほぐすとよい。

2　にんじんはすりおろす。

3　ボウルにBを入れて泡立て器で混ぜる。溶いた卵を3回に分けて入れながら、その都度よく混ぜ合わせる。

4　3のボウルにCをふるい入れてゴムべらで練らないように混ぜる。粉っぽさが残っている状態で、2を入れて混ぜる。

5　4を型に入れて表面を平らにならしたら、ゆずジャムを入れて全体に広げる。栗を散らし、クランブルを広げる。170℃のオーブンで45分焼く。竹串を刺して、生地が付いてこなければ焼き上がり。型から取り出して網の上で冷ます。ケーキの表面に粉砂糖をふる。

準備

鍋に栗を入れ、水をたっぷりはる。火にかけて煮立ったら、ふたはせず中火で約45分ゆでる。縦半分に切り、スプーンで中身をくりぬく(point)。80gを使用。
型にオーブンシートを敷く。
オーブンを170℃に予熱する。
バターbは室温に戻す。
卵は室温に戻す。
バターaは湯煎で溶かす。
Cは合わせてふるう。

point
栗を縦半分に切ったら、スプーンを際に差し込むと、身がするりと取れます。

ケーキのトッピングに最適な、溶けにくく甘さひかえめの粉砂糖。溶けない粉砂糖／富澤商店

かぼちゃあんこのキャロットケーキ

やや大きめに切ったかぼちゃを皮付きのまま、ごろごろと入れています。
甘みが強いかぼちゃとにんじんという野菜をバランスよくつなぐのは小豆あん。
どこか懐かしい味のする和のキャロットケーキです。

材料 縦18×横8×高さ8cmのパウンド型1台分

- かぼちゃ…130g
  （種とワタは取り除く、皮は付けたまま）
- にんじん…80g
- ミックスナッツ…30g
- A
  - 卵…2個
  - プレーンヨーグルト…15g
- きび砂糖…70g
- なたね油…80g
- カレンツ…20g
- B
  - 薄力粉…120g
  - ベーキングパウダー…小さじ1
  - 重曹…小さじ½
  - シナモン…小さじ1
  - 塩…ひとつまみ
- 小豆あん…60g
- C
  - クリームチーズ…150g
  - きび砂糖…30g

準備

クリームチーズは室温に戻す。
型にオーブンシートを敷く。
オーブンを170℃に予熱する。
Bは合わせてふるう。

作り方

1 かぼちゃは皮付きのまま2～3cm大に切って耐熱皿に並べ、ラップをふんわりかけ、電子レンジで約3分、様子を見ながら加熱する。ラップをはずして冷ます。

2 にんじんはすりおろす。ミックスナッツは細かく刻む。

3 ボウルにAを入れて泡立て器で混ぜる。きび砂糖を加えて混ぜ、なたね油を入れてよく混ぜ合わせる。

4 3のボウルに2とカレンツを入れてゴムべらで混ぜる。

5 4のボウルにBをふるい入れ、練らないようにゴムべらで混ぜる。

6 5の⅔量を型に入れて表面を平らにならし、1のかぼちゃを中央に一列に並べ、その上に小豆あんを入れる(point)。残りの生地を入れ、表面を平らにならす。

7 170℃のオーブンで50分焼く。竹串を刺して、生地が付いてこなければ焼き上がり。型から取り出して網の上で冷ます。

8 ボウルにCを入れて泡立て器で混ぜてなめらかにして、ケーキに添える。

point
小豆あんは、2本のスプーンでひと口大ずつかぼちゃの上に落としていくと、やりやすい。

Chapter 4 和洋菓子的キャロットケーキ

うぐいす豆キャロットケーキ

美しい緑色を楽しんでほしい、うぐいす豆の甘煮を加えたケーキ。
豆の甘煮は、和のお菓子にも好んで使われるシナモンやくるみと、ことのほか合います。

材料 縦18×横8×高さ8cmのパウンド型1台分

にんじん…120g
くるみ…30g
A
　卵…2個
　プレーンヨーグルト…15g
きび砂糖…80g
なたね油…80g
うぐいす豆(甘煮)…80g
B
　薄力粉……120g
　ベーキングパウダー…小さじ1
　重曹…小さじ½
　シナモン…小さじ1
　塩…ひとつまみ
C
　クリームチーズ…150g
　粉砂糖…30g

準備

クリームチーズは室温に戻す。
型にオーブンシートを敷く。
オーブンを170℃に予熱する。
Bは合わせてふるう。

作り方

1　にんじんはすりおろす。くるみは粗く刻む。
2　ボウルにAを入れて泡立て器で混ぜる。きび砂糖を加えて混ぜ、なたね油を入れてよく混ぜ合わせる。
3　2のボウルに1とうぐいす豆を入れてゴムべらで混ぜる。
4　3にBをふるい入れてゴムべらで練らないように混ぜる。
5　4を型に入れて表面を平らにならす。170℃のオーブンで50分焼く。竹串を刺して、生地が付いてこなければ焼き上がり。型から取り出して網の上で冷ます。
6　ボウルにCを入れ、泡立て器で混ぜてなめらかにする。5の表面に塗る。

Chapter 4 和洋菓子的キャロットケーキ

黒豆キャロットケーキ

しっとり、ふっくらした甘い黒豆と、
くるみがこうばしいキャロットケーキ生地は驚くほど好相性。
ラム酒を少し加えることで味に高級感が出ます。
おせちの黒豆で作っても。

材料　直径15cmの丸型1台分

- にんじん…120g
- くるみ…30g
- A
  - 卵…2個
  - ラム酒…小さじ1
  - プレーンヨーグルト…15g
- きび砂糖…80g
- なたね油…80g
- B
  - 薄力粉……120g
  - ベーキングパウダー…小さじ1
  - 重曹…小さじ½
  - シナモン…小さじ1
  - 塩…少々
- 黒豆(甘煮)…80g
- C
  - クリームチーズ…150g
  - 粉砂糖…30g
- 黒豆煮(飾り用)…適量
- 金箔(飾り用・好みで)…適量

準備

オーブンを170℃に予熱する。
型の底にオーブンシートを敷く。
クリームチーズは室温に戻す。
ペーパータオルの上に黒豆煮をのせて汁けを取り除く。
Bは合わせてふるう。

作り方

1〜2 は左ページの「うぐいす豆キャロットケーキ」と同じ。

3　2のボウルに 1 を入れてゴムべらで混ぜる。

4　3 にBをふるい入れてゴムべらで練らないように混ぜる。

5　4 を半量、型に入れて表面を平らにならし、黒豆煮を入れる。残りの生地を入れて表面を平らにならす(こうすると黒豆が沈まない)。

6　170℃のオーブンで45分焼く。竹串を刺して、生地が付いてこなければ焼き上がり。型から取り出して(P12参照)、網の上で冷ます。

7　ボウルにCを入れ、泡立て器で混ぜてなめらかにする。6 のケーキの表面に塗り広げ、黒豆煮と好みで金箔を飾る。

甘酒キャロット蒸しケーキ

卵を使わず、甘酒とレーズンのやさしい甘みを活かした蒸しキャロットケーキです。
ふんわりした食感は"蒸し"ならでは。ベーキングパウダーは水分に触れると
すぐに発泡してしまうので、必ず蒸し器の湯を沸かしてから作り始めてください。

材料　口径8.6×高さ6.5cmのプリンカップ4個分

にんじんa…50g
にんじんb…適量(飾り用)
A
　甘酒(ストレート)…50g
　牛乳…50g
　なたね油…30g
レーズン…15g
B
　薄力粉…80g
　ベーキングパウダー
　　…小さじ1と½
　きび砂糖…30g
　塩…少々

準備

湯を沸かして蒸し器をセットする。
プリンカップにグラシン紙を敷く。
Bは合わせてふるう。

作り方

1　にんじんaは大根おろし器(P8参照)ですりおろす。にんじんbは5mmの角切りにする。
2　ボウルにAを入れて泡立て器で混ぜる。
3　2のボウルに1のすりおろしにんじんとレーズンを入れて混ぜる。
4　3のボウルにBをふるい入れてゴムべらで練らないように混ぜ合わせる。
5　4をカップに入れ、1の角切りにんじんをのせる。
6　5を蒸気の上がった蒸し器に入れ、15～18分蒸す。

クリームチーズとはちみつ(各適量)を混ぜたクリームをつけて食べてもおいしい。

酒粕プルーンのキャロットケーキ

発酵の強い香りと風味を持つ酒粕と、濃厚な甘みを持つプルーンは、お互いの個性を引き立て合う組み合わせ。酒粕には麹菌と乳酸菌が含まれており、プルーンには食物繊維が豊富。腸活中の方にもおすすめの、美容と健康にいいケーキです！

材料　縦18×横8×高さ8cmのパウンド型1台分

- にんじん…120g
- ミックスナッツ…30g
- ドライプルーン(種無し)…40g
- A
  - 酒粕…30g
  - きび砂糖…70g
- 卵…2個
- なたね油…80g
- B
  - 薄力粉…120g
  - ベーキングパウダー…小さじ1
  - 重曹…小さじ½
  - シナモン…小さじ1
  - 塩…ひとつまみ
- C
  - クリームチーズ…150g
  - きび砂糖…30g
  - (好みで)酒粕…小さじ1

準備

- クリームチーズは室温に戻す。
- 型にオーブンシートを敷く。
- オーブンを170℃に予熱する。
- Bは合わせてふるう。

作り方

1. にんじんはすりおろし、ミックスナッツは細かく刻む。プルーンは半分に切る。
2. ボウルにAを入れて泡立て器ですり混ぜる。溶いた卵を加え、混ぜ合わせる。なたね油を入れてさらに混ぜる。
3. 2のボウルに1のにんじんとミックスナッツを入れてゴムべらで混ぜる。
4. 3のボウルにBをふるい入れて練らないようにゴムべらで混ぜる。
5. 4を型に半量入れて表面をならしたら、プルーンを中心に並べる。残りの生地を入れ、表面を平らにならす。
6. 170℃のオーブンで50分焼く。竹串を刺して生地が付いてこなければ焼き上がり。型から取り出して網の上で冷ます。
7. ボウルにCを入れて泡立て器でよく混ぜる(クリームの酒粕は加熱しないためくせが強いので分量はお好みで)。ケーキの表面に塗る。

Chapter 4 　和洋菓子的キャロットケーキ

81

干しいものキャロットケーキ / 干し柿のキャロットケーキ

基本のオイル生地に、和のドライ食材の干しいも、干し柿を加えるだけ。
手軽に作れてヘルシーなキャロットケーキです。

材料
干しいも：口径6cmのマフィン型6個分
干し柿：直径15cmの丸型1台分

- にんじん…120g
- くるみ…30g
- 干しいも a…60g
  - ＊干し柿で作る場合は干し柿 a 60g。
- A
  - 卵…2個
  - プレーンヨーグルト…15g
- きび砂糖…80g
- なたね油…80g
- B
  - 薄力粉…120g
  - ベーキングパウダー…小さじ1
  - 重曹…小さじ½
  - シナモン…小さじ1
  - 塩…ひとつまみ
- C
  - クリームチーズ…150g
  - 粉砂糖…30g
- 干しいも b
  - （飾り用・5mm角の棒状に切る）…適量
  - ＊干し柿で作る場合は、干し柿 b 適量を 8mm角に切る。

準備
- クリームチーズは室温に戻す。
- 丸型は型の底にオーブンシートを敷く。
- マフィン型はグラシン紙を敷く。
- オーブンは170℃に予熱する。
- Bは合わせてふるう。

作り方

1 にんじんはすりおろす。くるみは粗く刻む。干しいも a（または干し柿 a）はひと口大に切る。

2 ボウルにAを入れて泡立て器で混ぜる。きび砂糖を加えて混ぜ、なたね油を入れてよく混ぜ合わせる。

3 2のボウルに1を入れてゴムべらで混ぜる。

4 3にBをふるい入れてゴムべらで練らないように混ぜる。

5 4をマフィン型に入れ（干し柿の場合は型に入れたら表面を平らにならす）、170℃のオーブンで35分（丸型の場合は45分）焼く。竹串を刺して生地が付いてこなければ焼き上がり。型から取り出して（丸型はP12参照）網の上で冷ます。

6 ボウルにCを入れて泡立て器で混ぜてなめらかにする。

7 5のケーキの表面に6のクリームを適量、好みの口金で絞る。飾り用の干しいも b をのせる。

＊干し柿で作る場合はCをケーキの表面に塗り、飾り用の干し柿 b をのせる。

Chapter 5
スペシャルなキャロットケーキ

この章では、ユニークで意外性のあるキャロットケーキをご紹介します。
英国菓子の代表ともいえる「ヴィクトリアケーキ」や
アメリカ南部の郷土菓子「ハミングバードケーキ」など
一見まったく別のケーキを、
大胆なアレンジでひとつのキャロットケーキに仕上げました。
どれも、食卓に登場すると同時に、
歓声が上がること間違いなし！のスペシャルな一品です。

ヴィクトリアキャロットケーキ

ふんわりとした生地にココナッツファインを入れることで、少しシャリシャリした食感もプラス。ここではラズベリージャムをはさみましたが、好みでココナッツの風味に合う酸味の強いマーマレードやレモンジャムを使っても。

材料 直径15cmの丸型1台分

にんじん…120g
A
　卵…2個
　プレーンヨーグルト…15g
きび砂糖 a…80g
なたね油…80g
ココナッツファイン…40g
レーズン…30g
B
　薄力粉…120g
　ベーキングパウダー…小さじ1
　重曹…小さじ½
　シナモン…小さじ1
　塩…ひとつまみ
クリームチーズ…150g
きび砂糖 b…30g
ラズベリージャム…適量
粉砂糖（仕上げ用・溶けないタイプ）
　…適量

準備
- クリームチーズは室温に戻す。
- 型の底にオーブンシートを敷く。
- オーブンを170℃に予熱する。
- Bは合わせてふるう。

作り方

1. にんじんはすりおろす。
2. ボウルにAを入れて泡立て器で混ぜる。きび砂糖 a を加えて混ぜる。なたね油を加えてよく混ぜる。
3. **2**のボウルに**1**とココナッツファイン、レーズンを入れてゴムべらで混ぜる。
4. **3**のボウルにBをふるい入れ、ゴムべらで練らないように混ぜる。型に入れる。
5. 170℃のオーブンで45分焼く。竹串を刺して、生地が付いてこなければ焼き上がり。型から取り出し（P12参照）、網の上で冷ます。
6. ボウルにクリームチーズを入れてゴムべらで練り、きび砂糖 b を加えてなめらかになるまで混ぜる。直径20mmの星口金をセットした絞り袋に入れる。
7. **5**のケーキを横半分に切る。下段のケーキの縁に**6**のクリームを絞る（写真a）。中央にクリームを絞ってスプーンなどでのばし（写真b）、ラズベリージャムをのせて広げ（写真c）、上段のケーキを重ねる。ケーキの表面に粉砂糖をふる。

Chapter 5 | スペシャルなキャロットケーキ

キャロットチーズケーキ

くるみを多めに配合したキャロットケーキの上にチーズケーキを重ねた2層のケーキです。
ラム酒を入れて、すこし大人っぽい味に仕上げたしっとり濃厚なチーズケーキは、材料を
混ぜるだけで完成。キャロットケーキとの相性も抜群！　2種のおいしさを同時に味わえます。

Chapter 5 スペシャルなキャロットケーキ

材料　直径15cmの丸型1台分

[キャロットケーキ]
にんじん…60g
くるみ…60g
A
　卵…1個
　プレーンヨーグルト…15g
きび砂糖…40g
なたね油…40g
B
　薄力粉…60g
　ベーキングパウダー…小さじ1
　シナモン…小さじ1/2
　塩…少々
[チーズケーキ]
C
　クリームチーズ…200g
　きび砂糖…50g
溶き卵…1個分
生クリーム(乳脂肪分47%)…100㎖
ラム酒…小さじ1
薄力粉a…15g

準備

クリームチーズは室温に戻す。
型にオーブンシートを敷く(下の「敷き紙の作り方」参照)。
オーブンを170℃に予熱する。
Bは合わせてふるう。

作り方

1　キャロットケーキ生地を作る。にんじんはすりおろし、くるみは粗く刻む。
2　ボウルにAを入れて泡立て器で混ぜる。きび砂糖を加えて混ぜる。なたね油を加えてよく混ぜる。
3　2のボウルに1を入れてゴムべらで混ぜる。Bをふるい入れて練らないように混ぜる。
4　3を型に入れて表面を平らにならす。
5　チーズケーキ生地を作る。ボウルにCを入れて泡立て器で混ぜる。
6　5のボウルに溶いた卵を加え、泡立て器で混ぜる。生クリームとラム酒を加えて、もったりするまで混ぜる。薄力粉aをふるい入れて混ぜる。
7　6をスプーンで少量ずつすくって4の生地の上にのせる(一気に入れると下のキャロット生地が崩れやすいため)。表面を平らにならす。
8　170℃に予熱したオーブンで45分焼く。温度を180℃に上げて、さらに10分焼く。網の上で冷ましたら、型に入れたまま冷蔵庫でひと晩おく(冷蔵保存や水滴に弱い型の場合は取り出して、保存容器に移しかえてから冷蔵庫に入れるとよい)。

敷き紙の作り方

1　オーブンシートを型の直径+型の高さの2倍分の長さがおさまるよう正方形に切り、三角形に3回折る。

2　オーブンシートの中心にあたる部分を型底の中央に合わせ、型底の縁に沿って折り目をつける。

3　型底の縁に沿ってつけた折り目を、今度は反対側に折る。

4　オーブンシートを広げて、折り目に沿って、型底のあとまで切れこみを入れる。

5　4を型に敷き込む。写真のようにシートの角をはみ出させたくないときは、シートの四隅を切ってから敷く。

キャロットチョコレートケーキ

ガトーショコラとブラウニーの中間のような、ふんわりとしっとり、両方を兼ね備えた生地感です。油分はバターではなくオイルを使い、チョコレートの風味がまっすぐ伝わるようにしました。オレンジピールの代わりにラズベリージャムを飾ってもおいしいです。

材料 直径15cmの丸型1台分

- にんじん…120g
- クーベルチュールチョコレート*
  - a…35g
- A
  - 卵…2個
  - プレーンヨーグルト…15g
- きび砂糖…80g
- なたね油…60g
- ラム酒…小さじ2
- クーベルチュールチョコレート
  - b…60g
  - *ここでは「ヴァローナ カラク(カカオ56%)」のタブレットを使用。
- 生クリーム(乳脂肪分35%以上)
  - …50ml
- B
  - 薄力粉…120g
  - 純ココアパウダー…30g
  - ベーキングパウダー
    - …小さじ1と1/2
  - シナモン…小さじ1
  - 塩…ひとつまみ
- C
  - クリームチーズ…150g
  - 粉砂糖…30g
  - ラム酒…小さじ1
- オレンジピール(飾り用・好みで)
  - …適量

準備

- クリームチーズは室温に戻す。
- 型の底にオーブンシートを敷く。
- オーブンを170℃に予熱する。
- Bは合わせてふるう。

作り方

1. にんじんはすりおろす。クーベルチュールチョコレートaは大きめに刻む。
2. ボウルにAを入れて泡立て器で混ぜる。きび砂糖を加えてさらに混ぜる。なたね油を加えて、よく混ぜる。
3. **2**のボウルに**1**とラム酒を入れてゴムべらで混ぜる。
4. **3**のボウルにBをふるい入れてゴムべらで練らないように混ぜる。型に入れて表面を平らにならす。
5. 170℃のオーブンで45分焼く。竹串を刺して、生地が付いてこなければ焼き上がり。型から取り出して(P12参照)、網の上で冷ます。
6. 耐熱ボウルにクーベルチュールチョコレートb(かたまりの場合は細かく刻んでから)を入れる。小鍋に生クリームを入れて中火で温める。煮立つ直前で火を止め、クーベルチュールチョコレートbに注ぎ、泡立て器でよく混ぜる。そのまま人肌程度に冷ます。
7. 別のボウルにCを入れて、ゴムべらで混ぜる。
8. **7**のボウルに**6**を入れ、泡立て器でしっかり混ぜ合わせる。
9. **5**の生地を横半分に切り、下段のケーキに**8**のクリームの1/4量を塗り広げ、上段のケーキを重ねる。直径20mmの星口金をセットした絞り袋に、残りのクリームを入れ(ゆるいようなら、冷蔵庫で少し冷やすとよい)、表面に絞り、オレンジピールをクリームの上に飾る。

Chapter 5 スペシャルなキャロットケーキ

コーヒー&くるみのキャロットケーキ

キャロットケーキとよく合う飲み物のひとつ、コーヒー。「いっそキャロットケーキをコーヒー味にしたら」と作りました。生地にもトッピングにもくるみをたっぷり使って。フロスティングにはラム酒を加えて、ちょっとおしゃれに大人っぽく。

材料 直径15cmの丸型1台分

- にんじん…120g
- くるみ a…30g
- くるみ b…20g (飾り用)
- A
  - 卵…2個
  - プレーンヨーグルト…15g
- きび砂糖…60g
- 黒糖…20g
- なたね油…80g
- レーズン…25g
- B
  - 薄力粉…120g
  - ベーキングパウダー…小さじ1
  - 重曹…小さじ½
  - シナモン…小さじ1
  - クローブ…小さじ¼
  - 塩…ひとつまみ
- 牛乳…15g
- インスタントコーヒー…2g
- C
  - クリームチーズ…150g
  - きび砂糖…30g
  - ラム酒…小さじ1

準備

- クリームチーズは室温に戻す。
- 型の底にオーブンシートを敷く。
- オーブンを170℃に予熱する。
- Bは合わせてふるう。

作り方

1. にんじんはすりおろす。くるみaは粗めに刻み、くるみbはみじん切りにする。
2. ボウルにAを入れて泡立て器で混ぜる。きび砂糖と黒糖を加えてさらに混ぜる。なたね油を加えて、よく混ぜる。
3. **2**のボウルに**1**のにんじんと、粗めに刻んだくるみa、レーズンを入れてゴムべらで混ぜる。
4. **3**のボウルにBをふるい入れてゴムべらで練らないように混ぜる。型に入れて表面を平らにならす。
5. 170℃のオーブンで45分焼く。竹串を刺して、生地が付いてこなければ焼き上がり。型から取り出して(P12参照)、網の上で冷ます。ケーキを横半分に切る。
6. 耐熱容器に牛乳を入れ、ラップはかけずに電子レンジで約20秒、様子を見ながら加熱する。インスタントコーヒーを加えて混ぜ合わせて冷ます。
7. ボウルにCと**6**を入れて泡立て器で混ぜる。
8. 横半分に切ったケーキの下段に**7**のクリームの半量を塗り、上段のケーキを重ねる。表面に残りのクリームを塗り、くるみbを飾る。

memo

インスタントコーヒーは、粉砕の状態や溶け具合、風味などが商品によって大きく違います。おすすめは粉状のもの。すぐに溶けるので、牛乳に溶かすことなく、直接クリームチーズに加え、混ぜ合わせても大丈夫です。

Chapter 5 スペシャルなキャロットケーキ

ハミングバードのキャロットケーキ

材料 直径15cmの丸型1台分

にんじん…80g
ピーカンナッツ…30g
パイナップル（缶）…40g
バナナ…80g
A
　卵…2個
　きび砂糖…80g
なたね油…80g
レーズン…25g
B
　薄力粉…120g
　ベーキングパウダー
　　…小さじ1と½
　シナモン…小さじ1
　クローブ…小さじ¼
　塩…ひとつまみ
C
　クリームチーズ…150g
　粉砂糖…30g
　バニラエッセンス…1〜2滴
生クリーム（乳脂肪分36%）…100ml
ドラジェ（飾り用）…適量
ピーカンナッツ（飾り用）…適量

準備

クリームチーズは室温に戻す。
型の底にオーブンシートを敷く。
オーブンを170℃に予熱する。
ペーパータオルにパイナップルを並べ、水けを取り除く。
Bは合わせてふるう。

memo
クリームは軽め、かつ柔らかめなので、ドラジェなどを飾る前に、冷蔵庫で30分ほど冷やしておくとよい。

作り方

1. にんじんはすりおろす。ピーカンナッツは細かく刻む。パイナップルは1cm大に切り、バナナはフォークで潰し、粗めのペースト状にする。
2. ボウルにAを入れて泡立て器で混ぜる。なたね油を加えて混ぜる。
3. 2のボウルに1とレーズンを入れてゴムべらで混ぜる。
4. 3のボウルにBをふるい入れてゴムべらで練らないように混ぜる。型に入れて表面を平らにならす。
5. 170℃のオーブンで45分焼く。竹串を刺して、生地が付いてこなければ焼き上がり。型から取り出して（P12参照）、網の上で冷ます。
6. ボウルにCを入れて、泡立て器でよく混ぜ合わせる。生クリームを2回に分けて入れ、その都度混ぜる。
7. 5のケーキの表面に6のクリームの半量を塗る。残りは直径15mmの星口金をセットした絞り袋に入れ、ケーキの表面に5個丸く絞る。ドラジェや、粗く割ったピーカンナッツをサーブする直前に飾る。

Chapter 5 スペシャルなキャロットケーキ

ハミングバードケーキは、アメリカ南部の郷土菓子。
生地にバナナやパイナップル、ピーカンナッツを入れて作ります。
どれもキャロットケーキと相性のいい材料で、アレンジしてみたら大正解。
ラブリーな見た目だから、ぜひ記念日のケーキとしても作ってみてください。

バター焼きいものキャロットケーキ

輪切りにした焼きいもをアップサイドダウンケーキにして作りました。
にんじんとさつまいもは根菜同士で相性もよし。ほくほくした甘い焼きいもにバターをきかせ、
甘く香ばしいメープルシロップをたっぷりかけていただきます。カレンツの甘みがアクセント。

材料　直径15cmの丸型1台分

- さつまいも…300〜400g
- にんじん…80g
- くるみ…30g
- A
  - バター(無塩)…80g
  - きび砂糖…70g
- 卵…1個
- カレンツ(小粒のレーズン)…15g
- B
  - 薄力粉…80g
  - ベーキングパウダー…小さじ½
  - シナモン…小さじ½
  - 塩…少々
- メープルシロップ…適量
- 黒いりごま…適量

準備

焼きいもを作る。さつまいもは洗い、アルミホイルで包む。180℃に予熱したオーブンで60〜80分焼く。竹串がスッと通ったら焼き上がり。冷ます。
バターを室温に戻す。
卵を室温に戻す。
オーブンを170℃に予熱する。
Bは合わせてふるう。

作り方

1. 焼きいもは皮付きのまま、2〜3cm厚さの輪切りにする。にんじんはすりおろす。くるみは粗く刻む。
2. 型にバター(分量外10g)を塗り、きび砂糖(分量外15g)を入れる。型を傾けてゆすりながら、きび砂糖を型の内側に広げる。**1**の焼きいもを並べ入れる。
3. ボウルにAを入れて泡立て器ですり混ぜる。溶いた卵を3回に分けて加えながら、その都度混ぜ合わせる。
4. **3**のボウルにBをふるい入れてゴムべらで練らないように混ぜる。粉っぽさが残っている状態で**1**のにんじんとくるみ、カレンツを入れて混ぜる。
5. **4**を型に入れ、中央がすこしくぼむようにしながら表面をならす。
6. 170℃のオーブンで45分ほど焼く。竹串を刺して生地が付いてこなければ焼き上がり。網の上で型ごと粗熱を取る。
7. 生地の側面と型の間にパレットナイフやナイフなどを入れ、ぐるりと一周して、側面を切り離す。型の上に網やバットをかぶせ、逆さにし、取り出す。
8. メープルシロップをかけ、黒ごまをふる。

小豆田マチ子（あずきだ・まちこ）

キャロットケーキ研究家、会社員。証券会社勤務を経て製菓材料店でのレシピ企画、料理教室運営、イベント事業などに従事。趣味でお菓子やパンを食べ歩く中、ベイクショップで偶然出合ったキャロットケーキに魅了されたことをきっかけに、キャロットケーキ作りを開始。80点以上あるオリジナルキャロットケーキレシピをInstagramに投稿中。本書が初の著書。

Instagram：@hanabana39

いとしのキャロットケーキ
まぜて焼くだけ、アイデア無限レシピ

2025年1月6日　初版発行

著　者／小豆田マチ子
発行者／山下直久
発　行／株式会社KADOKAWA
　　　　〒102-8177　東京都千代田区富士見2-13-3
　　　　電話 0570-002-301（ナビダイヤル）
印刷所／TOPPANクロレ株式会社
製本所／TOPPANクロレ株式会社

本書の無断複製（コピー、スキャン、デジタル化等）並びに無断複製物の譲渡および配信は、著作権法上での例外を除き禁じられています。また、本書を代行業者等の第三者に依頼して複製する行為は、たとえ個人や家庭内での利用であっても一切認められておりません。

●お問い合わせ
https://www.kadokawa.co.jp/（「お問い合わせ」へお進みください）
※内容によっては、お答えできない場合があります。
※サポートは日本国内のみとさせていただきます。
※ Japanese text only

定価はカバーに表示してあります。
©Machiko Azukida 2025　Printed in Japan
ISBN 978-4-04-897836-1　C0077